# 混合式深度教学设计与实践

## 走向智能互联时代的中小学教学探索

何一茹 / 编著

中国出版集团　现代出版社

**图书在版编目(CIP)数据**

混合式深度教学设计与实践：走向智能互联时代的
中小学教学探索 / 何一茹编著. — 北京：现代出版社，
2020.9

ISBN 978-7-5143-8873-2

Ⅰ.①混… Ⅱ.①何… Ⅲ.①中小学—教学研究
Ⅳ.①G632.0

中国版本图书馆CIP数据核字（2020）第184325号

## 混合式深度教学设计与实践：走向智能互联时代的中小学教学探索

作　　者　何一茹
责任编辑　张　璐
出版发行　现代出版社
地　　址　北京市安定门外安华里504号
邮政编码　100011
电　　话　010-64267325　64245264
网　　址　www.1980xd.com
电子邮箱　xiandai@cnpitc.com.cn
印　　制　北京政采印刷服务有限公司
开　　本　710mm×1000mm　1/16
印　　张　13.5
字　　数　243千
版　　次　2022年6月第1版　　2022年6月第1次印刷
书　　号　ISBN 978-7-5143-8873-2
定　　价　45.00元

　　教育与信息技术是两个不同的概念，分属两个不同的领域，各有其内在的本质特征与发展变化规律。但随着时代的发展与进步，教育与信息技术各自在变革之时，也互相影响、互相结合，且日益紧密。两者在调整优化中靠近，师生在不断提高技术应用能力，技术变得更人性化、更智能化、性价比更高。探寻两者的融合之道，已成为广大教育工作者及相关行业人员的追求。

　　21世纪的今天，一方面，互联网、大数据、人工智能、物联网……各种新型信息技术纷至沓来，人类正在走向智能互联时代。信息技术的变革给教育带来了重要影响，触发了教育界对新型信息技术教育应用的思考和探索。另一方面，经过对以往基础教育实践的反思，我国在新一轮基础教育课程改革上，提出了要通过倡导学生的深度学习，改变以往机械化、浅层化学习的弊端，促进学生核心素养的形成，从而落实立德树人的根本任务。

　　在这样一个背景下，基础教育信息技术与教学的融合之道在哪里？笔者认为，面向学生深度学习的混合式教学（本书简称为"混合式深度教学"）是未来可期使两者平衡、常态化融合的一种教学形态。

　　线上学习与线下面对面学习相融合是混合式教学有别于传统班级授课方式的最显著特征。混合式教学（混合式学习）并非新概念、新形态，大家都说人工智能教学应用的时代，提倡混合式深度教学是否已过时？其实不然。首先，由于在线学习实施时会受到来自观念、硬软件环境的阻碍，混合式教学在基础教育上的应用还远未普及和常态化，即使部分学校和教师在教学中采用了线上线下相结合的方式，也存在着用于加强机械记忆、训练的现象，未必是以促进学生的深度学习来设计和实施的。对混合式深度教学的设计和实施进行探索有助于我们从TPACK（整合技术的学科教学知识）的角度来研究信息技术与教学的融合问题。其次，混合式深度教学是一种包容性较强的教学形态，随着技术的进步，混合的在线学习内容、在线技术形式都可以随之变化，出现了诸如翻转课堂、智慧课堂、双师课堂等应用模式，混合式深度教学适合容纳当下在线学习平台和资源多样化、应用方式多样化的教学实践和研究。

笔者工作室的研究方向是信息技术与学科融合创新问题，工作室成员是来自一线不同学科的教师，用什么样的主题来引导、组织这些学校信息化硬软件条件不一样的教师开展研修呢？基于以上思考，笔者选择了混合式深度教学。在组织研修的过程中，逐渐积累了一些材料，于是有了整理成书的想法。

就在成书的过程中，新型冠状病毒突袭全球，教师们纷纷急补在线教学技能和方法，展开了一轮全民性的网课潮。其中，那些原来就有开展混合式教学经验的学校、师生大都更容易适应疫期网课学习。当疫情慢慢消退时，人们开始反思教学，不少学者都认为，混合式教学是大势所趋，笔者同意这样的观点。不过，要让混合式教学能够在中小学常态化应用、能够面向学生的深度学习，还需要各方的努力和不懈的探索，任重而道远。

21世纪新兴信息技术有何特点及其对教育变革有何影响？为什么要开展混合式深度教学？构建混合式深度教学环境所需要的空间、在线资源和工具是怎样的？本书都进行了介绍。在此基础上，本书结合笔者所在地区的教学实践，对混合式深度教学的关键策略和常用模式进行了重点讨论与分析。本书还收录了7个完整、优质的教学案例和6篇研究论文。其中，既有单学科的教学案例，也有跨学科项目化教学案例。研究论文则来源于笔者工作室成员的研究，涉及混合式深度教学在多个学科的相关应用研究。相信这些案例和研究，会给中小学一线教师提供有益的参考和借鉴。

感谢为本书提供完整教学案例的黄琳、郭凤喜、霍婉云、周雅莉、白杨、杨雪梅、竺琳、陈应妮老师；感谢笔者工作室全体成员，他们是陆桂华、崔美龄、霍婉云、李咏欣、陈应妮、杨培德、阳靖、向黎老师；感谢书中被引用了设计案例的老师，他们的名字已经在书中做了标注，这里就不一一列出了；感谢为本书出版提供帮助的单位领导及同事。

本书是笔者对混合式深度教学的初步思考，今后仍会继续深入探讨相关问题。由于笔者水平所限，加上成书时间较匆促，本书错漏之处在所难免，希望读者能多多指教。

何一茹

# 第一章　21世纪新兴信息技术与教学变革

# 第二章　认识混合式深度教学

# 第三章　混合学习空间

## 第四章　新型网络学习资源和学习工具

## 第五章　混合式深度教学设计

## 第六章　混合式深度教学案例

# 第七章 混合式深度教学应用研究

# 第一章　21世纪新兴信息技术与教学变革

习近平主席在致第一届国际教育信息化大会的贺信中指出："当今世界，科技进步日新月异，互联网、云计算、大数据等现代信息技术深刻改变着人类的思维、生产、生活、学习方式，深刻展示了世界发展的前景。因应信息技术的发展，推动教育变革和创新，构建网络化、数字化、个性化、终身化的教育体系，建设'人人皆学、处处能学、时时可学'的学习型社会，培养大批创新人才，是人类共同面临的重大课题。"

为何现代信息技术能对人类社会产生如此大的影响？以互联网技术为主的21世纪新兴、关键信息技术究竟是怎样发展起来的？它们有什么特征？是怎样改变人类的思维、生产、生活和学习方式的？信息技术与教育领域的跨界融合这一逐步渐进变革的过程，又是怎样影响学习环境、课程、教学、学习方式及学习评价的？

本章对这些问题的梳理和探讨，有助于我们明晰信息技术高速发展的时代背景下，教育面临的机遇、挑战和应对之策。

# 第一节　21世纪新兴信息技术概述

## 一、互联网技术的发展

1969年12月，ARPA将加州大学洛杉矶分校与圣塔芭芭拉分校、斯坦福大学研究学院及犹他大学的四台主机连接起来，建立起用于军事的网络Arpanet，也就是阿帕网。这是最早的网络，采用包交换技术，运行速度只有50kbps。一年后，网络工作小组制定出主机之间的通信协议，用以控制网络信号传输。又过了一年，通信软件研发成功，实现主机之间的通信，这就是电子邮件。电子邮件的诞生让网络通信立刻变得高效快捷。至此，阿帕网的规模开始不断扩大，于是又有了广为人知的TCP/IP协议。[①]

50年过去，互联网技术和应用的发展举世瞩目，新技术和新应用层出不穷。2019年"互联网女皇"互联网趋势报告指出，2018年，全球互联网用户数已经超过38亿，渗透率已经超过50%。2020年，中国互联网用户数为全球最多，达到9.04亿人，占到全球用户总数的32%。互联网已从一个基于学术和军事的专用网络演变为重要的全球信息基础设施，对全球经济和社会发展起到了积极的推动作用。

纵观互联网的发展历程，笔者认为，可以把其分为桌面互联网时代（包括互联网1.0时代和互联网2.0时代）、移动互联网时代和智能互联时代三个阶段。在每一阶段中，互联网都会与传统业态结合，而这种结合方式就是把传统业态

---

① 项立刚.5G时代：什么是5G，它将如何改变世界［M］.北京：中国人民大学出版社，2019.

数据化。[①]

**1. 桌面互联网阶段：内容产业数据化**

互联网1.0阶段，也称为只读互联网阶段。在这一阶段，互联网主要提供信息浏览服务，人们可以从互联网上获取信息。当时，有一幅漫画《你永远不知道电脑对面坐的是人还是狗》，形象地概括了只读互联网的特点。

互联网2.0阶段，也称为可读写互联网阶段。在这一阶段，内容产业完成数据化改造。

2003年，诞生了互联网2.0阶段最具代表性的互联网平台之一维基百科。维基百科制定了两条非常简单的规则：第一，任何人都可以在平台上创建任何词条；第二，任何人都可以在平台上修改任何词条。维基百科在非常短的时间内，不论是词条数量还是词条质量，都超过了《大英百科全书》。现在，维基百科几乎"众筹"了全人类的知识。

维基百科的成功让人们意识到，不但可以从网上获取（读取）信息，而且任何人还可以把信息写进网络，贡献信息。

接着，博客、微博、QQ等社交平台开始出现，人们可以在网上分享文章、照片、视频和歌曲等。这时候，包括文字、图片、视频和音频在内的内容产业完全实现了数字化，内容的来源、传播方式也发生了深刻的变化，数字化内容开始替代传统内容，并形成了新的内容形态。

**2. 移动互联网阶段：生活服务业数据化**

在这一阶段，移动互联网对几乎所有的生活服务业进行了数据化改造。

移动互联网与桌面互联网的区别，表面上看是上网方式不同，移动互联网用手机和平板电脑等移动终端来上网，桌面互联网用PC机来上网。而实际上二者有着本质区别，主要体现在两个方面：第一，移动互联网实现永远在线。第二，移动互联网采用时间、空间和身份三个维度来进行信息组织。比如，在微信朋友圈中，信息都是按照时间先后来排序。也就是说，时间是朋友圈内容管理的唯一逻辑。用时间管理线上内容，说明线上线下已被统一到时间这一维

---

[①] 杨学成.推动互联网、大数据、人工智能和实体经济深度融合［EB/OL］.（2018-01-18）
http://www.71.cn/2018/0118/982591.shtml.

度中，线上线下已融合为一，形成新的状态。又如，我们要去某个陌生的地方，先是通过导航软件系统查找路线，然后根据GPS的提示前往。移动互联网时代，地理位置随身而动，无论是步行、开车还是乘坐公共交通，手机带到哪儿，地理位置及相关信息就记录到哪儿。当地理位置变成一个数据串的时候，我们的出行变得更加便利了。

在移动互联网时代，手机几乎可以记录用户所有的信息，这使得用户特征被暴露在移动互联网上，相当于用户在网络上拥有了身份。比如，人们利用电商平台购物，个人的联系方式、购物行为等都可以清楚地被记录下来，然后系统通过数据分析自动得出某人的购物习惯和爱好，等等。

### 3. 智能互联阶段：人工智能与实体行业深度融合

近年来，由于大数据和人工智能等技术在互联网的应用，互联网正在走向智能互联阶段。在这一阶段，互联网会把我们生活的各种设备变成终端，它不仅提供生活服务，还会为社会管理提供便利，甚至渗透到生产组织。人工智能与实体行业深度融合，数据会慢慢赋予本没有生命的东西以生命，会让已经有生命的东西变得更加有灵性，从而形成一个万物互联的景象。智能手环、智能家居设备、无人机等各种各样的终端设备逐渐进入人们的日常生活，为人们创造了安全又便捷高效的网络环境。

## 二、云计算

云计算技术是一种新的计算机网络技术，将散布在网络各处的资源进行有效的整合、调配和管理，通过统一的界面同时为广大的网络用户提供服务。云平台和云服务是云计算的两个主要部分。云平台用于储存资源，为信息资源的获取和使用提供方便，并且实现了动态扩展，可以随着计算机网络形势的变化对资源进行及时拓展和补充，极大地满足了用户工作和学习的需求。云服务则是实际为用户提供的服务，具备弹性扩展的特性。[1]也就是说，计算能力作为一种商品，可以在互联网上流通，就像水、电、煤气一样，可以方便地取用，且价格较为低廉。

---

① 王德铭.计算机网络云计算技术应用［J］.电脑知识与技术，2019（12）：274-275.

### 三、人工智能的发展

"人工智能"一词最早出现在1956年美国达特茅斯大学学会上，科学家在探讨和研究了关于机器模拟智能等相关问题之后提出了人工智能应用的可能性。在过去的60年，人工智能的发展充满了坎坷，直到2006年加拿大多伦多大学教授杰弗里·希尔顿（Geoffrey Hinton）提出"深度学习算法"，情况才发生转变。这个算法是对20世纪40年代诞生的人工神经网络理论的一次巧妙的升级，它最大的革新是可以有效地处理庞大的数据。谷歌智能程序阿尔法狗（AlphaGo）继2017年战胜围棋高手李世石后，在2018年9月再次战胜围棋世界第一人柯洁，引发了人们对于人工智能技术（Artificial Inteligence，AI）的广泛关注。

经过50余年的发展，"人工智能"的概念和范畴得到了一定的发展和拓展。人工智能是集模拟、延伸和扩展人的智能的理论、方法、技术及应用于一身的一门新兴的技术科学，其属于计算机科学的一个分支。人工智能可以对人的意识及思维的信息过程进行模拟，但人工智能不能简单地认为是人的智能。当前学术界对于人工智能的定义也未达成统一的认识，但是它已经渗透到人们社会生活的方方面面，对人们的生活和科学技术的发展产生了重要的影响。如今的人工智能已经应用于很多领域：图像识别、专家系统、自动规划、智能搜索、定理证明、博弈、自动程序设计、智能控制、智能诊断、智能翻译等。

在移动互联网、大数据、超级计算、传感网、脑科学等新理论、新技术及经济社会发展强烈需求的共同驱动下，新一代人工智能正加速发展，呈现出深度学习、跨界融合、人机协同、群智开放、自主操控等新特征。为抢抓人工智能发展的重大战略机遇，构筑我国人工智能发展的先发优势，加快建设创新型国家和世界科技强国，国务院部署制定并于2017年印发了《新一代人工智能发展规划》。这标志着人工智能上升至国家战略层面，我国将人工智能作为促进产业变革与经济转型升级的关键驱动力。

### 四、大数据技术的出现

随着云时代的到来，数据变得庞大，渐渐超出传统数据软件的处理能力范围。这促使人们必须研发一种新的技术与管理体系快速完成数据处理任务，由此诞生了大数据技术。

　　大数据在人们眼中是个相对抽象的概念，并没有统一的定义。它具有与传统数据不同的特点，人们比较认可的是IBM公司提出的大数据"5V"特点：数据量大（Volume）、速度快（Velocity）、数据类型多（Variety）、价值密度低（Value）、真实性（Veracity）。数据量大是指数据的获取、处理、存储的规模都很大；速度快是指对数据的收集与处理能在很快的时间内完成；数据类型多是指与传统数据相比，大数据的数据类型更多，不仅包括结构化数据，还包括半结构化、非结构化数据；价值密度低是指所拥有的数据量多而复杂，在大量繁杂的数据中只有少量的有效数据，若以正确的方式利用有效数据，则将给人们带来诸多好处；真实性是指数据的质量是真实有效的。①

　　大数据与互联网的发展相辅相成。一方面，互联网的发展为大数据的发展提供了更多数据、信息与资源；另一方面，大数据的发展为互联网发展提供了更多支撑、服务与应用。当你上搜索网站时，一些搜索引擎公司会记录下你的搜索习惯，并根据这些信息自动向你推荐相关广告；当你在电子商务网站购物时，一些电商公司会依据你的购物喜好，自动向你推荐有关产品；当你驾车上路时，电子导航系统会自动定位并向你指示方向。这些功能得益于计算机对海量数据的存储、分析及处理。

　　从意义层面讲，大数据的意义最终可以归结到一点：提升决策的水平和智能化程度。决策者可以是人，也可以是机器，还可以是人机协同。谷歌流感预测（Google Flu Trends，GFT）系统是大数据在公共卫生领域应用的一个典型例子。2009年出现了一种新的流感病毒——H1N1，迅速席卷全球。美国政府要求医生在发现新型流感病例时要及时告知疾控预防中心，然而从人们发现自己患病到医院再到疾控中心，时间会拉长，而在短短的时间内新型流感可能已经暴发。这对政府、社会和国家来说，将会带来巨大的损失。谷歌公司把5000万条美国人最频繁检索的词条和美国疾控中心在2003年至2008年间季节性流感传播时期的数据进行了比较，他们希望通过人们的搜索记录来判断这些人是否患上了流感。结果，他们的预测结果和官方数据的相关性达到97%。因此，2009

---

① 杨家琳.浅析大数据技术的发展与应用［J］.通信世界，2019（04）：32-33.

年流感暴发的时候，GFT成了一个很有效、很及时的指示标。自2009年以来，GFT模型经过多次升级，其预测偏差得到了有效纠正。时隔10年，新冠肺炎COVID-19肆虐全球，大数据技术在我国疫情预警、医疗诊治、复工复产等方面发挥了重要的作用。比如，移动、联通、电信三家运营商通过电信大数据，对用户提供了"14天内到访地查询"服务，帮助有关部门提高了对流动人员行程查验的效率，对重点人群进行排查，实施精准防控；政府部门通过电商平台搜索大数据，科学判断医用物资供应是否存在短缺，加大对应物资的产能；广东佛山开发的"疫情数据报送平台"，可以动态掌握企业生产和员工数据，实现"一企一策、一人一档"，所有流程线上完成，减轻了企业负担，提高了开工效率。

## 五、VR/AR技术的发展

VR（Virtual Reality，即虚拟现实技术）是指以计算机技术为核心，模拟生成逼真的视觉、听觉、触觉等一体化的封闭三维虚拟空间，通过专用的输入和输出设备及虚拟空间的人与物的交互，使用户获得身临其境的全方位沉浸式体验。AR（Augmented Reality，即增强现实技术）是指借助计算机视觉技术和人工智能技术产生现实世界中不存在的虚拟对象，并将虚拟对象精确地"叠加"在真实场景中，通过自然的交互方式，为用户呈现一个感知更丰富的新场景。

VR/AR概念最早出现在1935年美国科幻作家斯坦利·温鲍姆的小说《皮格马利翁的眼镜》中。1960年前后，摄影师出身的摩登·海里发明了第一台巨型VR设备。2016年，经过设备厂商多年的努力，VR硬件达到了一定水平。随着设备商、内容制作商的不断加入，VR产业链雏形已现。移动VR价格便宜，场景灵活，但Wi-Fi网络覆盖面积有限，且易受同频干扰，再加上网络带宽不足、时延较高，时常带来卡顿现象，传输技术难题成了限制VR/AR行业发展的瓶颈。5G通信技术的到来给VR/AR行业带来巨大动力，5G网络大带宽、低时延的特点，很适合承载VR/AR业务，可以充分保障VR/AR的业务体验。2020年4月，华为AR地图亮相，它是基于华为河图（Cyberverse）平台打造的一款全新的增强现实应用。比如，当游客要游览敦煌莫高窟时，全覆盖的AR"花路导航"，精准定位可帮助你快速找到路线。在游览中的排队处，游客拿起手机即可在华为AR地图中看到自己参观路线上的洞窟全息AR标牌，了解洞窟的基本情况，利用排队等待参观的时间进行洞窟的360度全景体验，为进入洞窟参观做好准备。当进入莫高窟景区后，游客游览时拿起手机即可看到参观路线上的洞窟，准确地了解参观的路线，并通过洞窟崖壁上呈现的壁画细节大屏，了解洞窟参观的要点。另外，敦煌有很多大家耳熟能详的文化符号，如大家熟知的九色鹿、飞天，通过河图平台，也让它们栩栩如生地走到游客中间，跟游客近距离互动，拍照合影。①

VR/AR与教育行业的结合有天然的优势。首先，直观、立体、视觉化的演示，同时有指示、引导和互动功能，大大降低了培训、学习的难度和对人员的高要求；其次，能够构建在特殊场景下的教学、培训，如火场逃生、飞机驾驶、生物解剖等。

## 六、技术的交叉与融合

信息技术的发展和应用越来越显示出交叉融合的特点。

计算机网络技术的发展，使网络多媒体、网络数据库的技术迅速发展，多媒体资源的存储管理可以在不同的服务器上实现统一管理，实现了多媒体资源的用户共享，获取资源的方式增加，促进网络多媒体资源库的研究开发，满足互联网用户对多样化资源的需求，推动了多媒体资源的网络化发布和共享。移动互联网技术的融合，使用户可以随时实现与别人的沟通交流，加强了互联网用户的主动参与性。无线技术的使用，促进了移动设备的普及，各种移动App出现，方便了人们的衣食住行等各类服务。②

大数据分析技术引发了多媒体虚拟现实技术、人工智能技术的交叉与融合发展，数据潜在的价值被不断挖掘，推动着各个领域科学决策、精准预测、个性化服务水平的提升。人工智能与大数据、虚拟现实技术等技术的融合，对各类服务和产品的人机交互界面、环境和决策产生重大影响：各种人机交互设备

---

① 来自教育新技术公众号.华为AR地图：虚实融合中的盛世图景. https://mp.weixin.qq.com/s/3aRvvAdHjPcrb4s31wPQow.

② 王正青，唐晓玲.信息技术与教学深度融合的动力逻辑与推进路径研究［J］.电化教育研究，2017（1）：94-99.

具备更加智能化的交互界面，用户通过语音、肢体动作、眼神、情感实现与虚拟世界的交互；图像检索、语音检索、管理决策、人机博弈等各类服务的决策精准度高，能精准识别用户需求并为用户构建虚实融合的、智能化的生活；辅助人和充当他们代表的软硬件智能助手（代理）具备推理和学习能力，扮演着智能导师、智能导游、智能伙伴、智能教师等角色，为用户提供个性化、智能化的服务。①

---

① 郭绍青，贺相春，张进良，等.关键技术驱动的信息技术交叉融合［J］.电化教育研究，
2017（5）：28-35.

# 第二节　21世纪新兴信息技术对教与学的重要影响

## 一、学习空间的变化

互联网的出现和发展，使得学生的学习空间不再局限于课室、实验室、图书馆等实体场所，学生还可以随时随地通过网络虚拟学习空间进行学习。大数据、智能化技术支持下的虚拟学习空间，在提供信息浏览、便捷沟通、资源共享等服务的同时，还可以适应用户个性化、智能化的实际学习需求。

学习空间正从封闭的实体（物理）学习空间逐步走向开放、交互、灵活、安全、智能、互联的虚实融合的信息生态空间。通过信息综合服务平台使各种信息系统贯通融合、互联和协作，信息、数据能在不同业务系统中无缝流转；利用传感器技术监控空气、温度、光线、声音、气味等物理环境因素，实现自动监控与智能调节，为学习者提供健康舒适的智能感知的物理环境。虚实融合的信息生态空间，重构了学校、家庭、社会三者相结合的教育体系，为正式及非正式学习提供技术支持及个性化服务。

## 二、课程形态的变化

工业时代，课程是以教材为主要形式呈现的"规模课程"。进入信息时代，互联网的出现孕育了网络课程。传统的网络课程以知识学习功能为主要属性，往往体现为对传统线下课程的模式照搬和内容上的拿来主义，远不能满足"互联网+"时代学习者对在线课程多元化功能、个性化表达、动态化呈现和广泛化连接的诉求。随着互联网技术的不断发展与成熟，近年来兴起了以现代网络技术为支撑的MOOC课程（大型开放式网络课程）、SPOC（小规模限制性在线课程）等形态的在线课程及混合学习课程，课程突破其原始的固定形态，不再仅仅作为知识传播的过程与载体，开始进化为一种社区和网络，能够在最大出度和入度内连接知识生产者与知识传播者；课程形态具有自组织特性，是一种关系集合体和知识生成体。[①]

## 三、学习资源的变化

借助互联网等新兴信息技术，各类优质教育和学习的数字化资源得以汇聚、融合、共享。通过对这些资源的有效管理和运营，为教师日常教学和学生的终身学习需要提供了有力的支撑。现在，连上互联网，各级各类的教育资源网站、学科资源网站比比皆是，极大地扩展了学习资源的来源、种类和内容。近年来，我国从国家层面统筹建设教育资源公共服务体系，更是汇聚、共享了大量优质的学习资源，使边远、落后地区的师生也可以便捷地获得优质的学习资源。可以说，学习资源的供给正从形式单一的资源孤岛走向形式丰富、共享互联、个性化的资源服务。

## 四、教学组织方式的变化

在互联网等信息技术推动下，教师教学手段从"黑板+粉笔"到"电脑+课件"再到"云+端"，知识传播的方式正在由传统的单向传递转变为师生、生生、人机的多向互动；教师的角色正在由知识的传授者转变为学生学习活动的设计者和指导者，与学生之间形成了新型的学习伙伴关系；教学观念从"老师教什么"转变为"学生学什么、怎么学"为主的观念。互联网教学模式正在颠覆着传统的学习过程，使知识传输的环节从课堂上前移到上课之前，通过学生个性化的线上学习来实现；而在课堂上，则通过教师引导学生探究、反思、纠错与合作，实现知识内化。在线教学平台、课堂实时互动系统与技术、电子书包等技术的课堂教学应用使学习过程数据可以被便捷捕捉、全面记录、高效分析、深入挖掘，有力地支持了教师在教学过程中对学生群体、小组和个体学

---

① 逯行，陈丽.知识生产与进化："互联网+"时代在线课程形态表征与演化研究［J］.中国远程教育，2019（09）：1-9.

情的精准掌握，及时调整和优化策略与过程，从而实现教学基于学习数据分析的优化。

## 五、学习方式的变化

新兴信息技术的迅猛发展，使得学生的学习不再局限在固定的时间、固定的空间与固定的人群进行学习和交流，泛在学习、混合学习、定制学习、社群学习、沉浸式学习等一批新型学习方式不断出现。利用互联网和移动学习终端，学生可以突破时空限制，随时随地进行泛在学习；可以把在线学习和线下学习有机结合起来，进行混合式学习；可以根据自己的兴趣、爱好、学习习惯和学习进度选择学习内容，通过学习平台进行定制学习；可以与有共同兴趣、共同志向的人组成网上学习共同体，进行社群学习；还可以利用VR/AR等设备和资源带来的丰富、高仿真的情景体验，进行沉浸式学习。

## 六、学习评价的变化

对学生的学习评价变革是教育系统变革的核心要素。在新课程改革的形势下，学习评价正从仅重学习结果（一元化的分数评价）向着多元化综合性评价方向发展，而信息技术为这种改变提供了强有力的技术支撑。一是评价内容过程化，把评估过程融入游戏、虚拟仿真、线上线下等各种学习活动中，自动采集反映学生学习能力和学习行为的数据，自动匹配计算机设定的教学目标，实现隐形的伴随式评价；二是评价方式多元化，采用网上教师评价、生生互评、小组互评和系统性诊断测评等方式，使评价结果更加全面；三是评价结果精准化，采用学习分析技术和大数据技术，收集学生学习大数据（做习题、考试、历年成绩、听课表情、平时兴趣、周围环境），可以使评价从单一的经验型诊断评价到多元的数据型评价，评价结果更精准，从而可以帮助教师和学生更好地分析学习的薄弱环节，改进教学方案。

# 第三节　教师如何把握机遇和应对挑战

## 一、积极学习新兴信息技术，探寻信息技术与教育教学融合之道

新兴信息技术的迅猛发展，使教育形态与教学正在发生着大变革。传统学校模式下的以教师为中心、以知识传授为主导的角色特征将逐渐被消解，未来教师的角色将被重塑，教师将成为基于数字化环境、资源的学生学习活动的支持者与服务者。要应对未来学习、教学与教育变革的挑战，教师首先要通过研究与学习，洞悉未来教育教学的变革方向，熟悉数字化资源、环境与学生、学习内容相互融合、联通的内在机制，使自身成为未来学习、教学与教育变革的参与者、体验者与促进者。其次为学生的个性化、定制化和自主学习提供支持是今后教育服务的基本方向，因此作为教师开展教学工作最重要的前提，就是了解学生的认知、情感与心理发展的状况和水平。[①]

## 二、客观认识新兴信息技术对教育的影响，坚守教育的本质

据报道，某学校在校园中安装了人脸识别系统，学生进教室后自动识别个人信息，全程监控学生上课听讲情况，就连发呆、打瞌睡和玩手机等动作都能被识别出来。这种用于监控学生的系统引发了人们的争议。从教育学角度看，实时、智能的监控系统不但没能激发学生主动学习的心理，反而引发了学生逆反、对抗的情绪。

首先，绝对信奉的数据对教育生态反而造成污染和破坏，产生"数据尾

---

① 中国教育创新成果公益博览会组委会.第五届中国教育创新成果公益博览会［EB/OL］.
（2019-11-20）http：//www.ceie.org.cn/index.php/page/1.html.

气"。基于学生学习行为的数据分析只能作为一种较高概率的"可能性"结论，并不能百分百地局限于数据分析而对学生进行绝对的判定和定位，这很可能导致教师的误判。其次，数据的结论只能简单反映一种学习的结果或事实，至于学生为什么会出现答题错误、为什么没有理解这个知识点、为什么会对这段文字提出这样的疑问等学习行为的原因，并不能简单地从数据分析结果中体现。此外，互联网、大数据、人工智能的应用，在高效简捷地收集师生个人行为信息的同时，也会给信息安全、个人隐私保护等带来隐患。

上述事例和现象告诉我们，信息技术改变了教育的形态和人们的认知方式，但促进学生发展的教育本质不能改变。正如顾明远教授所说的："有一样是不会变的，就是教育的本质不会变化，教育传承文明、创新知识、培养人才的本质不会变，立德树人的根本任务不会变。"作为教师，应该学会辩证地看待互联网时代教育教学的改变，懂得在教学实践中规避互联网带来的不利因素，理性处理和积极应对教育生态的新变化，秉持开放姿态和价值坚守，探索新技术、资源环境和教育教学深度融合的方法与途径，优化教与学。

走向智能互联时代的今天，技术增强型的课室环境日渐普及，学生利用技术学习的场景随处可见，线上线下相结合的混合式学习开始成为潮流。但是在实际教学中，常常出现偏离有效学习目标、危害学生身心发展的现象。比如，不断追寻新奇有趣技术的教学应用，忽视学生对学习内容的掌握；滥用技术的移动互联和虚实融合性，忽视对学生认知风险的管控；教师对教学进行弱处理，教学结构松散，学生学而所知甚少。[①]因此，人们越来越重视应用新型信息技术与数字化资源的学习成效问题，越来越意识到信息技术与学科融合需要合适的教学法指引。在新课程改革背景下，指向学生深度学习的混合式教学将成为新时代落实学生核心素养的重要教学方式。

[①] 刘晓琳，张立国.技术增强型学习环境中的"离心效应"：现象、成因及破解 [J].电化教育研究，2019（12）.

第二章

认识混合式深度教学

# 第一节　混合学习概述

## 一、起源

混合式学习起源于美国。20世纪90年代初，美国教育就计算机辅助在线学习（E-Learning）展开过非常激烈的辩论。支持者认为，信息技术能够促进个性化学习、提高学习效率，传统学校的教学方式已经过时；反对者则认为，基于网络的学习是不系统、不完整的，是在虚拟空间缺少面对面的情感交流，而且只有少数学生能够在没有监督的情况下自主完成学习任务。这一争论直至2000年12月《美国教育技术白皮书》的发布，才有了明确的答案。这份白皮书指出："E-Learning能很好地实现某些教育目标，但是不能代替传统的课堂教学。""E-Learning不会取代学校教育，但是会极大地改变课堂教学的目的和功能。"[1]在此期间，采取面对面教学和在线学习相结合的混合式教与学的方式应运而生，并得到迅速发展。

混合学习在国内的研究始于21世纪初。2004年，何克抗教授在第七届全球华人计算机教育应用大会上首次提出并倡导混合学习。

## 二、概念和特征

混合学习或混合式学习，在国内也常常被称为"混合式教学"，是对传统面对面教学和远程在线学习深刻反思后形成的新的学与教方式。混合学习或混合式学习侧重从学的方式角度来看，混合式教学侧重从教的方式来看。关于混合学习

---

[1] 何克抗.从Blending Learning看教育技术理论的新发展（上）［J］.电化教育研究，2004（3）：1-6.

的概念，国内外不少学者都提出了自己的见解，以下是比较有代表性的观点。

美国教育技术学家柯蒂斯·邦克教授在《混合学习手册》（2006）一书中对混合学习的概念界定为，面对面教学和计算机辅助在线学习的结合。

何克抗教授认为，混合学习是要把传统学习方式的优势和E-learning的优势结合起来；也就是说，既要发挥教师引导、启发、监控教学过程的主导作用，又要体现学生作为学习过程主体的主动性、积极性和创造性。只有将这二者结合起来，使二者优势互补，才能获得最佳的学习效果。①

李克东教授认为，混合学习是人们对在线学习进行反思后，出现在教育领域尤其是教育技术领域较为流行的一个术语，其主要思想是把面授教学和在线学习两种模式整合，以达到降低成本、提高效率的一种教学方式。混合学习是根据不同的问题和要求，采用不同的媒体与信息传递方式进行学习的模式。②

黄荣怀教授认为，混合学习的目的在于融合课堂教学和网络教学的优势，综合采用以教师讲授为主的集体教学形式的优势，综合采用以教师讲授为主的集体教学形式、基于合作理念的小组教学形式和以自主学习为主的远程教学形式，综合运用不同的学习理论、不同的技术和手段及不同的应用方式来实施教学。③

迈克尔·霍恩是近年研究混合式学习的著名学者，他认为混合式学习指的是学生至少部分时间在家以外受监督的实体场所学习，至少进行部分在线学习的任何正规的教育课程，期间学生可自主控制学习的时间、地点、路径或进度。学生在学习课程或科目时的各种模块结合起来，为学生提供一种整体的学习体验。④

尽管对混合学习定义众说纷纭，但包含两项共同的关键含义：一是强调教师主导作用和学生主体地位的结合；二是强调学习方式是在线学习与线下学习的融合，互联网等信息技术的运用成为标志。

---

① 何克抗.从Blending Learning看教育技术理论的新发展（上）[J].电化教育研究，2004（3）：1-6.

② 李克东，赵建华.混合学习的原理与应用模式[J].电化教育研究，2004（7）：1-6.

③ 黄荣怀，周跃良，王迎.混合式学习的理论与实践[M].北京：高等教育出版社，2006.

④ [美]迈克尔·霍恩，希瑟·斯特克.混合式学习[M].聂风华，徐铁英，译.北京：机械工业出版社，2017.

在上述定义中，迈克尔·霍恩给出的混合式学习的定义外延相对小些，这可能与定义产生的时代背景有关，在利用网络进行学习变得容易的今天，有人认为不存在非混合式学习。因而，缩小、明确混合式学习的外延有助于聚焦研究、讨论的问题范围。

迈克尔·霍恩定义的混合式学习内涵和外延能较好地反映"互联网+教育"的特征和趋势，贴合本书主要围绕基础教育阶段正规教育的讨论范围。基于迈克尔·霍恩的定义，可以概括出混合式学习具有如下特征：一是混合式学习是正规的教育项目，学生的学习过程至少有一部分是通过在线进行的，在线学习期间，学生可自主控制学习的时间、地点、路径或进度；二是学生的学习活动至少有一部分是在家以外受监督的实体场所进行的；三是学生学习某门课程或科目时的学习路径模块，要与整合式的学习体验相关。

## 三、研究现状

虽然混合学习研究已经开展了十几年，但其研究仍然备受国内外研究学者的关注。尤其是自2013年以来，在"互联网+教育"飞速发展的背景下，混合式教学被赋予了新的内涵，相关的研究剧增。2016年，新媒体联盟发布的地平线报告的基础教育版和高等教育版，都把混合式学习列为短期（1~2年）技术应用的趋势。当前，基于数字资源（微课、MOOC、SPOC）及智能化教学平台的混合教学研究和实践层出不穷，翻转课堂被视为混合式教学的代表。

图2-1-1是2003年混合（式）学习和混合式教学介绍到我国后，相关研究的趋势情况（数据来源于CNKI网）。

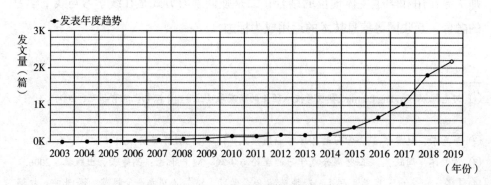

图2-1-1　总体趋势分析

通过对近5年国内核心期刊发表的混合式学习相关文章进行关键词词频共现分析（见图2-1-2），发现混合式学习与混合式教学、翻转课堂、MOOC、SPOC、深度学习等研究方向具有紧密的联系。

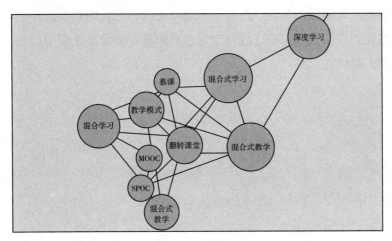

图2-1-2　混合式学习关键词词频共现网络图

查阅文献，不难发现混合式学习的理论及应用研究以面向高等院校的居多，面向基础教育的研究相对较少并且不大深入。但关于翻转课堂的研究却相反，以基础教育居多。这和我们平时观察到的翻转课堂的应用分布情况是相符的，同时也说明中小学教师对翻转课堂以外的混合式教学形式研究相对较少。

文献中关于混合式教学模式、混合式学习模式的研究占了相当比例，这些模式的构建涉及利用不同的技术平台和资源，适用于不同的学习对象、学习内容、学习需求和学习情境。迈克尔·霍恩把混合式学习模式分为转换模式（Rotation，包括就地转换、机房转换、翻转课堂和个体转换）、弹性模式（Flex）、菜单模式（Alacarte）、增强型虚拟模式（Enriched Virtual），每种模式都包含了不同维度的混合。[①]

从先行者的研究中我们可以了解到，混合式教学的形式是多样化的，并不存在万能通用的模式，基于学习目标、学习对象、学习内容、学习需求和学习

---

① ［美］迈克尔·霍恩，希瑟·斯特克．混合式学习［M］．聂风华，徐铁英，译．北京：机械工业出版社，2017.

情境等来进行混合，才能达到最优的教学效果。

混合学习虽然受到热捧，它提倡的将线上线下学习的优势结合的观念得到认可，但受制于基础教育的评价体系、技术环境的不完善、资源的单一、教学设计的复杂性等因素的影响，混合学习迄今还没有在我国基础教育中得到广泛的、常态化的应用。如何推进混合学习在基础教育的常态化应用仍需要持续地努力和深入地研究。

# 第二节　深度学习概述

## 一、深度学习的概念与特征

目前，深度学习已成为教育研究领域的一个热门话题，同时又是一个观点纷呈的话题。人工智能、教育技术学、教育评价学、教学论、学习科学等研究者对究竟什么是深度学习持不同观点，这些观点既有区别，又有联系。

人工智能领域的深度学习指的是机器的学习，其概念由希尔顿（Hinton）等人于2006年提出，指的是通过神经网络结构进行低维到高维的映射，从而能够对数据的特征进行提取，最后能够得到数据的特征表示。随着深度学习的发展，人们通过使用深度学习方法，能够更有效地处理机器翻译、语音识别、图像分类及自然语言处理等机器学习类问题。[①]

除人工智能领域研究者外，上述其他学科领域研究者所研究的深度学习指的是人的深度学习。对机器深度学习的研究是模仿人的学习的，是附属性的、局部的；而对人的深度学习的研究是根本性的、全面的，因为会学习是人的显著特征。人的深度学习和机器的深度学习不是一回事。本书所关注和讨论的是人的深度学习，特别是学生的深度学习问题。

关于人的深度学习起源可以追溯到20世纪50年代，布鲁姆在教育目标分类中认知维度层次的划分就体现了"学习有深浅之分"这一思想。在研究早期，大多数研究者认为深度学习是与表面化接受知识的浅层学习相对立的一种学习方式。比格斯（Biggs）在2001年指出，深度学习是一种高水平或者主动地对知识进行认知加工的学习方式，对应的浅层学习则是对知识进行低水平的认知加

---

① 王菲斐.深度学习研究现状分析［J］.电子技术与软件工程，2018（10）：152-153.

工，如重复记忆或者机械背诵。[①]

不同阶段、不同的学者对深度学习有不同的解读，大致可以分为三类。

**1. 侧重从学习过程来解读**

20世纪70年代，受奥苏贝尔（Ausubel）的有意义学习理论和杜威反思性思维的影响，深度学习被认为是一种学习过程，关注的是学习者对知识的深度理解、反思和迁移应用的过程。最具代表性的人物是美国学者马顿和罗杰，这两位学者在1976年的论文《学习的本质区别：结果和过程》中首次公开提出"深度学习"这一概念。马顿通过实验的方式证明了学习结果存在质的差异，他认为如果学习结果存在质的差异，那么很可能在学习过程中也存在相应的差异。马顿对大学生的研究发现，学生在面对学习材料时参与的学习过程类型存在明显的个体间差异，并使用术语"深度学习"和"表面学习"来区分与解释这种个体间的差异。[②]在国内，2005年，黎加厚教授阐释了深度学习的概念，指出"深度学习是在理解的基础上，学习者能够批判地学习新思想和事实，并将它们融入原有的认知结构中，能够在众多思想间进行联系，并能够将已有的知识迁移到新的情境中，做出决策和解决问题的学习"，认为理解与批判、联系与建构、迁移与应用是深度学习的三大特点。[③]

**2. 侧重从学习结果来解读**

21世纪初期，受"21世纪技能"理念的影响，深度学习开始走向强调对学习者问题解决能力、创造性及批判性思维能力的培养。例如，在21世纪技能框架体系的基础上，美国威廉和弗洛拉·休利特基金会（The William and Flora Hewlett Foundation）于2010年发起了深度学习战略计划。该计划将深度学习定义为一个人具备将一个情境中学到的东西应用到新情境中的能力的过程。深度学习的成果是可迁移的知识——既包括某个领域的内容知识，也包括如何、

① 常立娜.深度学习文献综述 ［J］.开放学习研究，2018（02）：30–35.

② 李嘉雯，李玉斌.国外深度学习研究的现状与进展——基于WOS数据库中SSCI文献的分析 ［J］.数字教育，2019（05）：76–82.

③ 何玲，黎加厚.促进学生深度学习 ［J］.现代教学，2005（5）.

为何、何时应用这些知识来解答及解决问题的知识。[①]他们认为，深度学习是学生胜任21世纪工作和公民生活必须具备的能力，这些能力主要包括认知维度（掌握核心学科知识、批判性思维和复杂问题解决）、人际交往维度（团队协作、有效沟通）、个人内在维度（学会学习、学习毅力）三个维度的基本能力。

**3. 学习过程和学习结果并重的解读**

近年来，我国为全面深化课程改革，落实立德树人根本任务，组织专家团队研究开发深度学习教学改进项目，将其作为深化基础教育课程改革的重要抓手和落实学生发展核心素养及各学科课程标准的实践途径。该项目组认为，所谓深度学习，就是在教师引领下，学生围绕具有挑战性的主题，全身心积极参与、体验成功、获得发展的有意义的学习过程。在这个学习过程中，学生掌握学科的核心知识，理解学习的过程，把握学科的本质及思想方法，形成积极的内在学习动机、高级的社会性情感、积极的态度、正确的价值观，成为既具独立性、批判性、创造性，又有合作精神，基础扎实的优秀的学习者，成为未来社会历史实践的主人。项目组提出了联想与结构、活动与体验、本质与变式、迁移与应用、价值与评价五个深度学习的特征。[②]

## 二、深度学习的研究现状

由于深度学习概念所指对象既可以是机器，也可以是人，差异较大。所以，为了更准确地了解面向学生的深度学习的研究现状，笔者选择了目录为"社会科学Ⅱ辑"，篇名为"深度学习"，在CNKI网对近10年（2009—2019年）的文献进行检索，共检索到约2300条文献，检索结果见图2-2-1。

---

① 孙妍妍，祝智庭.以深度学习培养21世纪技能美国《为了生活和工作的学习：在21世纪发展可迁移的知识与技能》的启示 [J].现代远程教育研究，2018（03）：9-16.

② 刘月霞，郭华主.深度学习：走向核心素养（理论普及读本）[M].北京：教育科学出版社，2018.

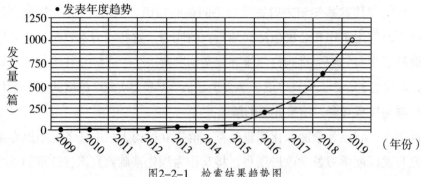

图2-2-1　检索结果趋势图

不难发现，2016年后对深度学习的研究急剧增加。相关主题主要包括深度学习、核心素养、浅层学习、学习者、教学策略等。这跟我国近年来在基础教育方面倡导培养学生核心素养密切相关。

深度学习的研究内容主要分为以下几个方面：一是对深度学习的定义、内涵、特征等基本概念和基本理论的研究。二是对深度学习与核心素养培养的关系的研究。研究者普遍认为深度学习是培养学生核心素养的有效途径，并由此进一步探讨如何通过具体的深度学习策略、方法等来达到培养学生核心素养的目标。三是对深度学习在具体学科情境中的教学策略的研究，内容涉及多学科多学段，来自基础教育的研究占了绝大部分。

关于信息技术环境下的深度学习的相关研究颇为活跃，但涉及基础教育且有深度的应用研究不多。其中，对翻转课堂的深度学习的研究较有代表性，如安富海认为，"时序重构"是翻转课堂的前提，但"教"与"学"在时间和空间上的简单调整并不能促进学生的学习，翻转课堂教学流程变革的实践本质在于促进学生的深度学习，指向核心素养。[1]彭燕等基于翻转课堂教学模式、促进深度学习相关方法、内容策展等方面的研究成果，设计了翻转课堂中促进深度学习的教育内容策展模式，并进行了此模式的教学应用。[2]

---

① 安富海.翻转课堂：应从"时序重构"走向"深度学习"[J].教育科学研究，2018（03）：71-75.

② 彭燕，王琦，余胜泉.翻转课堂中促进深度学习的教育内容策展模式[J].现代教育技术，2019（3）：46-52.

# 第三节　关于学生核心素养

近十几年来，关于"核心素养"的研究与测评日益引起全球关注，甚至成为许多国家或地区制定教育政策、开展教育改革的基础。

2014年，教育部发布了《关于全面深化课程改革　落实立德树人根本任务的意见》，明确了立德树人的十大关键领域。其中，研究制定了学生发展核心素养的首要环节，并提出把核心素养体系作为研究学业质量标准，修订课程方案和课程标准的依据，用于统领课程改革的相关环节。这也是首次在课程改革的重要文件中明确使用"核心素养"一词，体现了以人为本，尤其是以学生核心素养发展为本的教育改革思路，意味着党和国家把发展学生核心素养放在一个前所未有的高度上。

## 一、发展学生核心素养

2016年9月，《中国学生发展核心素养》颁布，其指出："学生发展核心素养，主要是指学生应具备的，能够适应终身发展和社会发展需要的必备品格和关键能力。"《中国学生发展核心素养》明确指出了人才培养的方向，它以培养"全面发展的人"为核心，分为文化基础、自主发展、社会参与三个方面，综合表现为人文底蕴、科学精神、学会学习、健康生活、责任担当、实践创新六大素养，具体细化为社会责任、国家认同等18个基本要点。各要点之间相互联系、相互补充、相互促进，深入回答了"立什么德、树什么人"的问题。

## 二、学科核心素养

学科核心素养作为深化课程改革的新起点与新目标，它是在原有学科目标基础上提炼出来的，综合指向学生在学科学习中需要逐步形成的关键能力、必备品格与价值观念。以高中地理学科为例，其核心素养包括区域认知、综合思维等，以一件在全球有影响力的事例说明地理核心素养的运用。比如，2013年荷兰19岁的学生斯莱特发明了一种海洋垃圾回收装置，并成立了"海洋清洁基金会"，通过互联网众筹资金，将回收设备投入了试验。斯莱特的发明源于其保护海洋的环境意识，在他的发明中，必须运用综合思维和区域认知的方法对海洋环境做出详细的分析与评估，必须通过对海水运动及海洋生物特征的实践考察才能设计合理的装置。可以说，斯莱特的创举是核心素养的综合运用，不仅运用了地理学科的核心素养，还体现了科学精神、责任担当等多项素养，这些素养不分国界，是"全面发展的人"的行动表现，是"立德树人"的根本追求。

学科核心素养与学生发展核心素养不是割裂的，两者是相互促进的关系。学生发展核心素养具有基础性，它有助于学科核心素养的形成。而学生发展核心素养不是空中楼阁，它一定是在学科的学习中逐渐融合的，所有学科的核心素养在养成过程中应该融会贯通为学生发展的核心素养，从而成为学生终身受用的生存能力。

## 三、21世纪核心素养5C模型

2018年，教育创新研究院举行发布会，首次对外发布《21世纪核心素养5C模型研究报告（中文版）》。这份报告吸纳了中国学者在相关领域的研究成果，并基于我国社会、经济、科技、教育发展需求，进一步追问"打下中国根基、兼具国际视野"的人应该具备哪些素养，提出了"21世纪核心素养5C模型"并搭建框架、阐述内涵。

"21世纪核心素养5C模型"包括文化理解与传承（Comprehension and Inheritance of Cultural）、审辩思维（Critical Thinking）、创新（Creativity）、沟通（Communication）、合作（Collaboration），这5项素养的首字母均为C，故称该模型为"核心素养5C模型"，这些素养简称为"5C素养"。5C素养每个方面又包括3~4个二级维度，如表2-3-1所示。[①]

————————————

① Judycai.聚焦核心素养5C模型，引导教育供给侧结构性改革.（2018-03-28）https://edu.qq.com/a/20180328/016916.htm.

表2-3-1  21世纪核心素养5C模型

| 一级维度 | 二级维度 |
|---|---|
| 文化理解与传承素养（Comprehension and Inheritance of Cultural） | 1.文化理解 |
| | 2.文化认同 |
| | 3.文化践行 |
| 审辩思维素养（Critical Thinking） | 1.质疑批判 |
| | 2.分析论证 |
| | 3.综合生成 |
| | 4.反思评估 |
| 创新素养（Creativity） | 1.创新人格 |
| | 2.创新思维 |
| | 3.创新实践 |
| 沟通素养（Communication） | 1.同理心 |
| | 2.倾听理解 |
| | 3.有效表达 |
| 合作素养（Collaboration） | 1.愿景认同 |
| | 2.责任分担 |
| | 3.协商共赢 |

其中，文化理解与传承素养是核心，为其他素养提供价值指引。教育创新研究院相关人士指出，在落实核心素养的过程中，应当避免两种倾向：一是将核心素养教育视为"特殊教育活动"外在于国家课程的实施，二是将核心素养教育简单理解为"学科核心素养教育"。建议教师把握核心素养的本质特征：核心素养一端支撑的是"健全的人"，另一端联结的是"真实世界"；需要将核心素养教育落实在学校的日常教育教学活动中。

# 第四节　开展混合式深度教学的意义

从以上的阐述和分析中，我们可以了解到，培育学生核心素养是当前我国基础教育课程改革的目标，其主要载体是课程、教材和教学。开展深度学习的目的是要培养学生的学科核心素养。可以说，深度学习是基础教育改革深化必然选择的学生学习途径，而作为当前"互联网+"时代新形态下的混合式教学，显然也必须要面向学生的深度学习。本书把面向学生深度学习的混合式教学简称为"混合式深度教学"。具体来说，开展混合式深度教学的意义有以下几个方面。

## 一、有助于探索"互联网+"时代基础教育变革的路径

一方面，"互联网+"时代，教与学的环境已经发生了巨变。丰富的网络教学资源，国内外各类便利的、智能化的学习平台，日益增多的智能化教室，深入社会生活各方面的网络应用，都迫使学校教育要对原来传统的纯线下教学方式做出改变，才能更好地满足学生的学习需求、促进教师和学校的发展。特别是目前我国"三通两平台"（指宽带网络校校通、网络资源班班通、网络学习空间人人通和教育管理公共服务平台、教育资源公共服务平台）的建设已初见成效，有关"网络学习空间人人通"的大规模培训在全国展开，国家首个全面规范教育App文件的出台，使原来困扰混合式教学的资源单一、交互性不强、网络安全风险等问题有了很大的改善，为基础教育开展面向深度学习的混合式教学创造了良好的外部条件。

另一方面，人们通过对近年来翻转课堂教学等混合式教学的实践反思，已意识到混合式教学需要指向学生的深度学习，才能更好地实现新世纪未来人才培养的目标。

## 二、有助于学科核心素养的落地

素养是个体在与各种真实情境持续的社会性互动中，不断解决问题和创生意义的过程中形成的。[①]深度学习正是这样的活动和过程，深度学习并非要无限增加知识难度和知识量，而是基于知识的内在结构，通过对知识的完整处理，引导学生从符号学习走向学科思想和意义系统的理解与掌握，它强调为理解而教，为思想而教，为意义而教，为发展而教，使教学过程切实由以知识为中心转向以学生发展为中心，凝聚学生核心素养的培育，从而引领学科核心素养精准落地。[②]深度学习的实施推进，是时代发展的必然需求，是教育的主动应对，是我国全面深化课程改革、落实核心素养的重要途径。因此，开展混合式教学的最终目的不是为使用在线平台而使用在线平台，不是为建设网络教学资源而建设网络教学资源，也不是为了教与学方式的创新而开展花样翻新的教学活动，而是为了有效提升学生自主学习和协作的质量、广度和深度，有助于促进学生的深度学习，进而达成发展学生核心素养的育人目标。从这个意义上讲，在基础教育开展面向学生深度学习的混合式教学，有助于明确信息技术与学科教学融合的目的，有助于新兴信息技术应用背景下学科核心素养的精准落地。

① 杨向东.如何基于核心素养设计教学案例［N］.中国教育报，2008-05-30（5）.
② 刘月霞，郭华.深度学习：走向核心素养（理论普及读本）［M］.北京：教育科学出版社，2018.

# 第五节　如何理解混合式深度教学

## 一、混合式深度教学的内涵

基于对目前我国基础教育应用混合式教学和开展深度学习的现状、新兴信息技术未来应用趋势的分析，在参照迈克尔·霍恩关于混合式学习的定义、教育部"深度学习"教学改进项目组等先行研究者关于深度学习的定义基础上，本书讨论的混合式深度教学是指面向学生深度学习的混合式教学，即教师通过组织、引领学生参与线上线下相融合的学习活动，使学生获得一种整体的学习体验；使学生在理解的基础上能将已有的知识迁移到新的情境中，做出决策和解决问题；使学生形成积极的内在学习动机、高级的社会性情感、积极的态度、正确的价值观。它包含的核心思想主要体现在以下几个方面。

**1. 强调学生线上学习活动和线下学习活动的一体化设计**

线上学习具有扩展学习资源、突破学习时空限制、自定学习步调等优势；线下面对面学习能加强师生、生生间的情感交流，更有利于实践性知识和技能的掌握。为了充分发挥线上和线下两种学习方式的优势，教师需要对两种学习活动进行一体化设计，让学生通过深入参与这些活动将所学的各个模块的知识形成整体概念，获得整体的学习体验。

**2. 强调促进学生深层次概念理解**

这里所谈的理解主要是采用学习科学领域中的理解概念。学习科学把理解定位为深度学习最核心的特征，强调学生需要进行理解性学习而非只对事实性知识和程序性知识的记忆。理解性学习中的理解，强调的是一种深层次的思考，即解释、思辨、推理、验证、应用等有难度、复杂和具有综合性的学习结果，同时也是学生灵活地运用所知进行思考和行动的能力。深层次概念理解主要由专长习得、问题解决和高级思维构成。深层次概念理解意味着学习者拥有的知识是围绕着该学科的核心概念、从多个角度对其加以表征的，并能在真实、复杂的情境中应用的知识。只有学生知道在什么样的情境中应用这些知识，知道在面对新的、真实世界的情境时如何调适、修正这些知识，在他们能够解释信息、创建模型、解决问题、建立与其他概念和学科及真实世界情境的关联从而形成理解世界的新方式时，我们才认为发生了真实的、有深度的学习。[①]

**3. 关注学生学习过程中价值观的培养、核心素养的形成**

核心素养是新时代教育的育人目标，是关于学生知识、技能、情感、态度、价值观等多方面要求的结合体。学生价值观的培养、核心素养的形成是一个长期的过程，是与教学活动紧密相关的过程。因此，混合式深度教学过程要以学生学习过程中价值观的培养、核心素养的形成为根本追求。

## 二、实施混合式深度教学的基本要求

### 1. 精选学习主题和内容

深度学习倡导单元学习。学习单元以主题为中心，每个学习单元通常需要若干课时完成。单元学习主题是围绕学科某一核心内容组织起来的，它是体现学科知识发展、学科思想与方法深化或丰富认识世界的方式，能够激发学生参与学习活动、促进学生持续发展的学习主题。单元学习是一组彼此关联的、结构化的系列学习活动。单元学习主题涵盖学科核心内容和大部分的内容，但不是所有的内容都必须纳入单元学习主题，一部分内容可以用深度学习的理念，支持学生进行自主性、实践性学习。因此需要在适合深度学习的主题内容中，再选择那些采用线上和线下学习结合更合适的主题、内容，开展混合式深度教学。

### 2. 给学生可自主支配的学习时空

如果学生的时间都被作业、练习塞满，习惯于通过机械、重复的题海战术来获取高分，他们就很难再有时间、兴趣开展深度学习所要经历的自主、探究、合作的学习活动，深度学习便会成为空中楼阁。这就要求学校、教师要转

---

[①] 刘月霞，郭华.深度学习：走向核心素养（理论普及读本）［M］.北京：教育科学出版社，2018.

变教学观念，对学生的学习要敢于放手和善于放手，从学校层面去统筹各科的学习容量和学习时间，合理安排学生的自主学习时间，尤其是在线自主学习时间。教师要引导学生制订自主学习的计划、安排好自主学习的时间、掌握自主学习的方法。在教学中安排一些选择性活动，调动学生学习的主动性，最终使学生学会选择，形成个性，体验成功的快乐。

### 3. 不增加学生的总认知负荷

深度学习往往意味着高难度的学习，根据认知负荷理论，深度学习材料本身的难度会增加学习的内在认知负荷。[①]如果混合式深度教学设计不当，忽视学生的认知规律，在线学习资源存在大量冗余信息，则会浪费学习者有限的注意力资源，使学生的外在认知负荷加重。相反，如果合理设计学习资源的组织方式和呈现方式，综合利用线上线下的教学优势以及在线工具的特点，通过多模态呈现学习材料，进行个性化、差异化的学习资源和学习任务推送，将整体的认知负荷分布于课前、课中及课后各环节的任务中去等方法，就可有效减轻学生外在认知负荷，从而减少或不增加学生的总认知负荷。

### 4. 要有成熟的平台支持

在多年教育信息化实践中发现，那些不好用的平台即使下足功夫宣传推广，或者有行政推动，也往往是昙花一现，难以得到师生的认可，难以支撑混合式深度教学的常态化应用。一个功能齐全、设计合理、操作简便的成熟的在线学习平台是开展混合式深度教学的环境保障。

---

[①] 乐会进，蔡亮文.混合教学模式何以促进深度学习——基于翻转课堂的研究［J］.中国信息技术教育，2018（Z3）：143-147.

教学活动的发生必然依赖于一定的时空条件，混合式深度教学也不例外。具备支持学生在线学习和面对面学习的虚实相融的学习空间，是实施混合式深度教学的环境基础。互联网、大数据、人工智能等技术的发展，使得在线虚拟（网络）学习空间可实现功能越来越强大、形式越来越多样，同时，与网络学习空间相呼应的实体学习空间设计也更加注重带给学习者良好的学习体验。面对五花八门的在线学习平台，令人眼花缭乱的实体学习空间设计，学校、教师该如何选择呢？为了更好地构建、利用、改造、优化网络和实体学习空间，使之满足在中小学实施以学生为中心的混合式深度教学需要，学校、教师需要对学习空间的发展有基本的认识，深入了解目前常用的典型的混合学习空间、主流网络学习空间（如网络学习空间人人通）的特点、功能及设计。

# 第三章 混合学习空间

# 第一节　学习空间的发展

## 一、学习空间的类型和特征

学习空间是个复杂、庞大的系统，一般来说，能产生学习活动的场所都可称为学习空间。教室、图书馆这些实体空间是大家最熟悉的学习空间，随着信息技术的发展，学习空间已不再局限于实体空间。互联网时代的学习空间，既包括大礼堂、教室和实验室等正式实体学习空间，也包括走廊、休息室、户外学习区等非正式实体学习空间，还包括学习管理系统、社交网站或App学习软件等虚拟学习空间。本书主要讨论学校场域的实体学习空间以及与正规课程相关的虚拟学习空间。

关于学习空间的研究开始于21世纪初期，2006年美国戴安娜·奥布林格（Diana Oblinger）出版了一本名为《学习空间》的书，推进了对学习空间研究的开展，这本书的核心思想是如何重构学习环境，使之促进学生积极、社会化与经验式的学习。2011年由北卡罗来纳大学（University of North Carolina）主办的专门研究学习空间的期刊《学习空间杂志》（*Journal of Learning Space*）创刊，标志着学习空间研究作为学习环境研究的一个重要方面，在国际上得到越来越多研究者、实践者和政策制定者的关注。

国际上，美国、英国和澳大利亚等国家对学习空间的设计和研究走在前列。如早在2000年至2010年，美国就对多个教室空间项目开展了研究：明尼苏达大学的活动学习教室（Active Learning Classroom，ALC）项目、堪萨斯州（Kansas State）的技术丰富的教室项目（Technology Rich Classrooms，TRC）、苹果今日&明日教室（Apple Classroom of Tomorrow-Today，ACOT2）项目等。2008年，英国联合信息系统委员会在广泛调查的基础上发布了《21世纪学习空间设计指南》的研究报告，该报告指出，学习空间要满足"以老师为中心"和

"以学生为中心"两种教学模式的不同需求；结构、通风、采光等设计要有弹性，可根据未来需要随时调整；要能支持个人自学和小组学习等具有操作性的建议。澳大利亚大卫·拉德克利夫（David Radcliffe）教授（2008）提出了学习空间设计和评估的教学法—学习空间—技术（Pedagogy-Space-Technology, PST）框架，认为在社会信息化的今天，信息技术、教学法和学习空间三者之间相互作用，在课堂教学过程中需要综合考虑三者的作用关系。信息技术拓展了学习空间，使学习空间不仅是物理空间，还包括虚拟空间；信息技术增强了教学法，使教师可以采用多种教学手段进行教学；学习空间可以促进教学法，灵活、丰富的学习空间为教师的教学提供了多种选择，也可以促进教师改变教学方法，提高教学效率和效果。三者的作用关系如图3-1-1所示。[①]

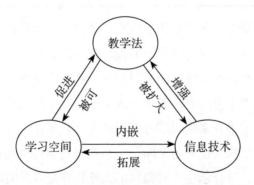

图3-1-1　学习空间、教学法与信息技术关系图

这些研究都包含有一个共同观点，那就是不同的学习空间适合塑造不同的教学行为和学习活动，学习空间的构建要适应所采用的教学法，信息技术营造的环境已经成为影响学习空间功能的重要因素。

表3-1-1概括了不同教学法对学习空间功能的需求。

---

① 杨俊锋，黄荣怀，刘斌.国外学习空间研究述评［J］.中国电化教育，2013（6）：15-20.

**表3-1-1  不同教学法对学习空间功能的需求**

| 教学法 | 实体正式学习空间 | 虚拟学习空间 |
|---|---|---|
| 演示授导型 | 场室呈秧苗式布局，配备多媒体演示平台。如普通教室、讲学厅 | 提供单向信息服务、资源服务的网站 |
| 合作研讨型 | 场室呈分组式布局，配备多媒体演示平台，学生可能配备一对一或一对多数字化学习终端。如教室或小组学习研讨区、会议室 | 提供双向互动功能的虚拟学习社区、社交网络软件 |
| 探究体验型 | 场室呈秧苗式布局或分组式布局，配备学生实验设备，学生可能配备一对一或一对多数字化学习终端。如学科实验室、创客室、学校图书馆 | 提供探究型学习资源及指导的在线学习平台、2D和3D虚拟实验室、VR和AR探究场景 |
| 灵活综合型 | 场室呈桌椅可拼凑移动的灵活型布局，智能课室环境 | 提供智能化、个性化学习支持和服务 |

目前，国内的学习空间多数还是以支持"教"的演示授导型为主，随着课改的推进，已经有越来越多的学习空间设计转向以支持"学"的合作研讨型、探究体验型。面向智能互联时代的学习空间，将会出现更多灵活综合型学习空间，即教师可以根据学习内容、教学方式灵活变换空间的内部布局，师生可以方便地应用智能学习平台来实现学习资源的个性化推送、互动交流、智能评价和学习分析等。灵活综合型学习空间是一种积极的学习空间设计，有利于组织多样化的学习活动，符合师生心理需求的人性化环境设计有利于营造融洽的课堂氛围，多样化深度互动学习活动和融洽的学习氛围有利于学生从被动学习转变为主动学习。

## 二、混合学习空间

混合学习空间是指包含了实体（物理）空间和虚拟空间的组合，蕴含了混合教学中根据学习者变化、技术变化和对学习理解变化的隐喻。混合学习空间体现了技术融入整个过程、在线成为必然的建构要素，是一种建立在混合学习之上、支持混合学习的学习空间。①混合学习空间是一个开放的系统，但这并不意味着它是各种新型信息技术组合而成的环境，而是一个以满足学生深度学

---

① 吴南中.混合学习空间：内涵、效用表征与形成机制［J］.电化教育研究，2017（1）：21-26.

习需求为目标，在建构主义、联通主义学习理论的指导下，突出以人为本的虚拟要素和实体要素相结合的学习广场。

混合学习空间既有物理学习空间支持情境创设、协作交流和自主探索的特性，又具有虚拟学习空间带来的数据支持、非线性、智能化、碎片化等特性。

为适应新课程标准实施走班排课、分层教学的育人要求，国内部分省市学校对传统的课室空间进行了改造，开展了对混合学习空间设计和应用的探索。如浙江大学附属中学把原来的学科实验室、部分教室，利用学校已有的信息化设备，融合智能教学平台、产品和服务改造成学科教室。据文载，有学生原本对英语兴趣不高，却因为新建的英语学科教室，情不自禁地爱上了英语课。一进这间神奇的英语学科教室，一种时髦的科技感迎面而来：红白相间的高脚桌，搭配高脚椅；每张桌上都有一台iPad，与讲台前大屏幕实时数据连接；教室左侧摆着一排电脑，后面挂着十几部练听力的耳机。这样有科技味的教室，浙江大学附属中学还有很多：在书香四溢的语文学科教室，两台触屏电脑直接连接智能图书馆，阅读无处不在；在创意灵动的美术教室，学生们利用Wi-Fi和终端查找素材进行创作……实体空间与虚拟空间的结合使学科功能教室的空间得到进一步延展。[①]

走向智能互联时代的混合学习空间已不再局限于教室内，保证校园无线网络的使用，走廊、休息区乃至整个校园，都能够随时随地地进行学习，打破了时间与空间的障碍，并且可与自然生态空间进行联结。在一些学校我们可以看到，教室门口挂着电子班牌，可让学生随时了解班级的学习动态；走廊安放着圆桌、沙发等，提供给师生一种轻松舒适的可进行小组协作或随时随地都可进行讨论的空间；教学楼旁建起小小的数字视频录制亭，供师生自主录制微课、制作视频，等等。

---

① 申屠永庆，周红军.互联网+学科教室：从学习空间升级到育人方式变革 [J].人民教育，
2018（Z3）：53-56.

# 第二节　典型混合学习空间的功能与设计

## 一、智能教室

智能教室的研究可追溯到1988年雷西尼奥（Rescigno）提出的"智慧教室"。在传感技术、网络技术、富媒体技术及人工智能技术迅速发展的今天，教室环境应是一种能优化教学内容呈现、便利学习资源获取、促进课堂交互开展，具有情境感知和环境管理功能的新型教室，这种教室被称为智慧教室。[①]智慧教室的空间布局设计与系统组成，虽然在内容呈现、资源获取和及时交互等维度上各有侧重，但有着智能化、个性化的共同功能特征。混合式深度教学强调在线学习和面对面学习的融合，强调师生、生生、人机的深度互动，因而，云端一体化的智能教室设计是较理想的、符合混合式深度教学需要的设计。

云端一体化的智能教室由环境感控系统、云课堂系统、交互式显示系统、场景自动生成系统构成，集互动教学、课堂录播、在线教学于一体，实现教室内多种终端设备的无缝连接和智能化运用，帮助师生摆脱传统束缚，深度激发教与学的潜力。

### 1.环境感控系统

环境感控系统基于教室物联网的建设，通过传感技术、无线网络技术和通信技术，实现对教室灯光、温度、湿度等随时做到智能检测。教室内的感知前端设备，如光照传感器、湿度传感器、温度传感器等实时传递相关数据，服务器端实时分析，工作人员通过智能终端经过网络获得实时信息后，可以设置自

---

① 黄荣怀，胡永斌，杨俊锋，等.智慧教室的概念及特征［J］.开放教育研究，2012（2）：
22-27.

动控制，或者手动地深入查询或调控。[①]

### 2. 云课堂系统

云课堂系统是智能教室的核心组件。它是应用"云、网、端"技术，基于课程知识体系聚合数字化内容，覆盖课前、课中、课后、课外的教育和学习全流程，集课程资源展示，网络教学，学习过程追踪，师生互动、答疑和管理等功能于一体的综合平台。下面是两种目前国内常见的云课堂系统框架图（见图3-2-1、图3-2-2）。

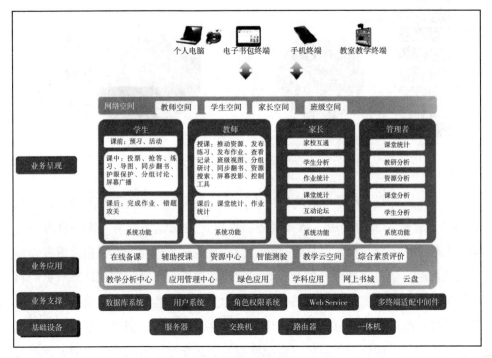

图3-2-1 天闻智慧云课堂框架图

图3-2-1显示的云课堂系统包括备课中心、授课中心、测评中心、题库中心、内容中心、教学质量分析中心、教师云空间、学习终端等系统，构建了一个全面支持教育数字化的综合管理、教学、学习平台，提供了一种从（云）端到（终）端的智慧课堂教学形态。

---

① 朱燕.云环境下智慧教室的建设研究［J］.无线互联科技，2017（19）：100-102.

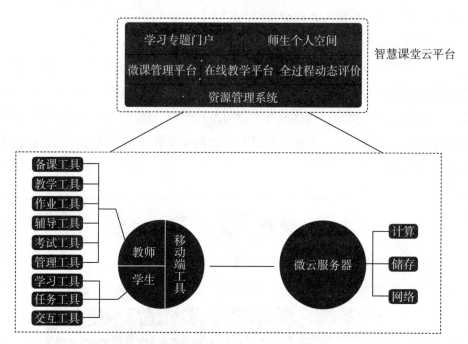

图3-2-2　畅言智慧云课堂框架图

图3-2-2显示的云课堂系统包括了智慧课堂云平台、微云服务器及移动端工具三个紧密联系的应用。微云服务器可以构建无线局域网、跨平台多屏互动、上传和本地化存储、动态数据统计与分析等一系列功能。当微云服务器连接互联网时，还可实现课堂的交互数据定时发送至云平台，实现动态数据的自动汇聚与统计分析。移动端工具作为智慧课堂实现师生移动化课堂教学应用的基本手段，配备有多种移动设备应用工具软件。包括微课制作与学习、课堂互动、测验评价、统计分析、学习资源推送、沟通交流工具和全过程动态评价与教学工具等，按使用角色划分则可分为教师端与学生端。

### 3. 交互式显示系统

交互式电子白板系统是较典型的交互式显示系统的形式，它是通过触控技术对显示在平板（LCD/LED/PDP）上的内容进行操控和实现人机交互操作的一体化设备。这种设备集成了触控电脑、手写白板、投影设备、音响等多种功能，适用于多种格式文档的高清晰显示、音视频文件播放、屏幕书写、文件标注等系统化教学需求。设备尺寸的选择多样化，通常有65英寸（1英寸=2.54厘米）、70英寸、80英寸等多种尺寸。

交互式电子白板的功能主要包括：

（1）灵活的书写及批注功能。系统提供硬笔、软笔、荧光笔、激光笔等多种书写工具，有些还可以采用手势、手写识别的方式进行书写。

（2）强大的对象处理功能。可以插入文字、图片、动画、视/音频、课堂活动模板、思维导图等多种类型对象并进行处理，可以利用放大镜、聚光灯、拉幕、隐藏、神奇移动等功能对选定的对象进行处理，以满足生成性、互动性课堂的需要。

（3）提供多种学科资源和工具。包括在线多媒体资源、题库等学科资源，种类因产品而异。还有各种学科工具，如汉字、拼音、古诗词、几何、公式、函数、统计图表、英汉字典、化学方程等。

（4）与平板电脑结合使用。教师、学生的平板电脑屏幕内容能即时投影到交互式电子白板上。

### 4. 场景自动生成系统

场景自动生成系统可以基于图像跟踪采集、云存储等技术实时采集课堂中的教学视频、音频、教学资源、文本、图片等数据，并录制保存到主机中，实现多路视频信号源、视/音频文件和计算机画面之间的切换。系统能够真实记录课堂场景，无须教师操作，即可实现课堂场景的常态化录制，可以直接用来进行课程直播，也可以与其他教室进行远程互动，还可以与会议室进行音视频交互。

## 二、互联网+创新实验室

在推进课程改革的过程中，基于拓展型、探究型校本课程的实施，学校自主建设了一批不同于传统意义实验室的"创新实验室"。这是一种以满足学生探究、体验、个性化学习需求，培养激发学生的创新意识和创新实践能力为目标，融学习内容、学习方式、实验仪器设备和管理机制为一体的学习活动场所。创新实验室的实验内容涉及生命科学、物理、化学、工程技术、地理、音乐、金融等众多学科和领域，其建设没有统一的标准、规格和模式，但具有以下两个共同特征：1.在功能定位方面，区别于以往"理化生"学科等以"重现"和"验证"为教学目标的实验室，而以学生创新意识的培养和思维品质的提升为主要目标。2.在建设目标方面，着力于服务全体学生而不是少数精英，是融学习内容、学习方式和设备条件于一体的学习环境，是一个可以让学生张扬个性、激发兴趣、放飞想象的实践平台，是对传统实验室的"变革"与"再造"。[①]如上海市西中学建成了10多个各类创新实验室，包括汽车能源实验室、静态模型实验室、化工实验室、物联网实验室、机器人实验室、生物工程实验室、地震实验室等，这些实验室为学生的科技创新提供了广阔的平台。

随着跨学科学习、STEM教育的兴起，STEM创新实验室现已成为创新实验室重要的一员。STEM创新实验室通常具有丰富的设备和教学资源，基于项目活动的STEM实验室设备和资源主要分为电子产品制作与手工艺制作两大类。普遍存在于STEM实验室的设备工具有3D打印机、激光切割机、大型或者小型镂铣机（铣床）、数控机床、音乐设备、传感器、智能电视、电脑、扬声器、iPad、细胞成像系统、木工工具、缝纫机、锤子和锯等，材料包括LED、电线、金属涂料、胶带、线、织物、石墨、木材、复写纸和植物种子等。其中，某些资源来源于现实生活，有些甚至是二次利用的材料。在STEM实验室中，桌椅被灵活摆放，并配有空间脚轮、可调整高度的桌子、圆形实验桌等，以便学生进行团队合作和交流互动。某些缺少空间的学校选择创建移动STEM实验室，将3D打印机、积木、模块化电子元件和机器原件等放进小推车，根据需要将其推进不同的教室，以灵活便捷的方式支持学生的实践创作。[②]图3-2-3是一种具有多个功能区的STEM创新实验室，能对学生的自主学习、互动交流、动手实践、作品演示提供较为全面的支持。[③]

---

① 吴秋芬，王於琪，徐尚军.中小学创新实验室建设的思考——以"新优质学校创建"为例[J].合肥师范学院学报，2019（02）：71-74.

② 赵慧臣，陆晓婷.美国STEAM实验室的特征与启示[J].现代教育技术，2017（04）：25-32.

③ 上海易教信息科技有限公司.STEAM创客实验室.（2009-08-03）http://www.educationtek.com/pages/steam.html.

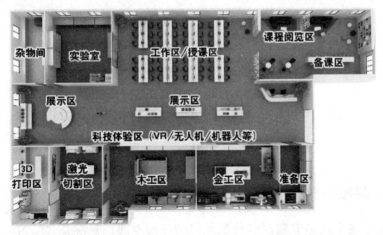

图3-2-3 多功能区的STEM创新实验室

互联网+创新实验室是指能够支持在线学习的创新实验室。依托互联网通信技术及数字化资源，能更好地强化、拓展创新实验室开放、共享、交流、展示、过程记录和智能评测等功能，通过课程的合理设计，能更好地满足学生探究、体验、个性化学习需求。比如，广州市天河区体育东路小学的科学混合实验室，除配备常规实验器材外，还配备有传感器、虚拟软件、App软件、电子白板、移动终端、数据平台及网络资源等，为学生创设了一个线上线下相融合的混合式探究环境。在这样的环境中，学生既可以利用网上资源进行自主学习，又可以利用实验器材开展真实的实验探究，还可以围绕真实实验中出现的问题，借助虚拟实验软件进行探究与析因。又如，广州市南武中学的SMART创新实验室，采用SMART目标管理原则：Specific、Measurable、Attainable、Relevant、Time Based，每间实验室有120平方米以上的面积，提供100兆的带宽，配备水电、空调、电脑和实验台以及斯坦福生物实验室课程平台，为学生建立了一个STEM课程学习的混合式空间。

# 第三节　网络学习空间人人通

## 一、基本概念

网络学习空间是互联网时代最主要的虚拟空间，是混合式学习空间的重要组成部分，其设计、建设的理念和质量直接影响到混合式深度教学的实施效果。

网络学习空间作为一种基于互联网的学习环境，其形态和功能随着信息技术的发展而发展，按目前的研究，一般认为，根据网络学习空间运行载体服务性质的不同，可以将其分为广义的网络学习空间和狭义的网络学习空间。广义的网络学习空间是指运行在任何平台载体之上，支持在线教学活动开展的虚拟空间；狭义的网络学习空间是指由教育主管部门或学校认定的融资源、服务、数据为一体，支持共享、交互、创新的实名制网络学习场所。[①]狭义的网络学习空间通常又依用户角色划分为个人学习空间（教师空间、学生空间、家长空间等）和机构空间。其中，个人学习空间（PLS）作为协调教与学的第三方空间被提出，作用于PLE（个人学习环境）与VLE（虚拟学习环境）的"中部"，在学习者获取他人指导和自主学习之间寻求一种平衡，被认为是数字学习环境设计新焦点。[②]

近年来，网络学习空间的建设和应用引起各方重视，教育部把"网络学习空间人人通"列为"十二五"教育信息化核心建设任务"三通两平台"（"三通"指宽带网络校校通、优质资源班班通、网络学习空间人人通，"两平台"

---

① 中华人民共和国教育部.网络学习空间建设与应用指南［Z］.2018-04-17.

② 祝智庭，管珏琪，刘俊.个人学习空间：数字学习环境设计新焦点［J］.中国电化教育，2013（3）：2-6.

指教育管理公共服务平台、教育资源公共服务平台）之一。在印发的《教育信息化"十三五"规划》中，把"创新'网络学习空间人人通'建设与应用模式，从服务课堂学习拓展为支撑网络化的泛在学习"作为主要任务，鼓励学生应用网络学习空间进行学习活动，养成自主管理、自主学习、自主服务的良好习惯，凸显了对学生自主能力培养、个性化学习的关注。

实现"人人通"功能的网络学习空间是一种专门的网络学习空间，属于狭义的网络学习空间。它的主要特点是：一是强调通，信息能在不同主体之间进行无缝传递，包括主动推送，蕴含SNS（社会性网络服务）的思想，同时既有通的内容，又有通的方式；二是强调分享，资源在不同的主体之间能够通过一定的规则进行主动传送和分享；三是强调整合与集成，包含传统的多种学习功能的一个聚集页面，不再需要登录多个系统操作相关业务，而是所有和主体相关的业务均无缝整合在学习者的页面中，通过该空间操作所有的功能；四是强调个性化，不同主体的空间内容应该适应本主体的特征。[①]

由于网络学习空间人人通具有实名认证、开放共享、互联互通、"一人一空间"等优点，适合用于开展多种基于新课改的教学模式，因而，网络学习空间人人通近年来已成为网络学习空间的主要形式。

## 二、类型、构成及功能

从实践来看，目前基础教育领域使用的具有"人人通"功能的网络学习空间，按照其来源和功能主要有三类：一是由企业独立设计与开发，面向基础教育教学应用和管理的通用型"人人通"平台。这类平台主要出现在网络学习空间建设的初期，在某些功能设计方面较能把握用户的通用性需求，但由于缺乏教育部门的整体规划和设计，它所提供的功能和服务往往较单一，平台的资源、安全性等保障条件较有限。二是由企业设计与开发，面向普通用户的SNS互动学习平台。这类平台最大的特点是灵活性强，用户可以根据自己的需求选择不同的功能和栏目组合，能适应不同的平台终端用户，用户体验良好，其不

---

① 百度百科.网络学习空间人人通［EB/OL］.https：//baike.baidu.com/item/网络学习空间人人通/2087488？fr=aladdin.

足是推送的资源、提供的公共服务较欠缺。三是由政府主管或业务部门主导建设、企业承建，基于国家数字教育资源公共服务体系的网络学习空间。这类平台是目前各地政府业务部门在大力推动使用的平台，它具有功能强大、资源丰富、安全性高等优势，但灵活性和平台终端的兼容性还需要进一步加强与完善。

基于国家数字教育资源公共服务体系的网络学习空间已逐渐成为网络学习空间人人通的主流，值得我们重点关注。其实，很多中小学教师对这类平台并不陌生，参加"一师一优课，一课一名师"活动登录的市级、省级、国家级平台都属于国家数字教育资源公共服务体系内的平台。所谓国家数字教育资源公共服务体系是由国家、省（自治区、直辖市）和有条件的城市的数字教育资源公共服务平台、空间、资源，通过"标准统一、接口规范、安全高效"的枢纽环境联结而成的共治共享、协同服务的有机整体。其中的"空间"是政府通过平台为用户提供服务的途径，是平台推送教育教学资源的目的地、用户内容存储和应用情况数据记录的基础设施，是开展信息化教育教学的基本场所。图3-3-1是国家数字教育资源公共服务体系示意图。

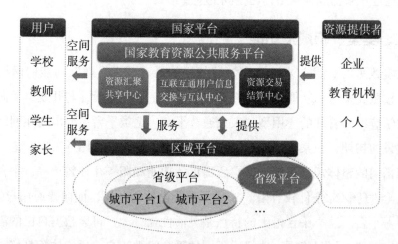

图3-3-1　国家数字教育资源公共服务体系示意图

2018年教育部颁布了《网络学习空间建设与应用指南》，对网络学习空间应具有的基本功能做了详细的指引（见图3-3-2），在规范和指导网络学习空间的建设方面发挥了重要的作用。

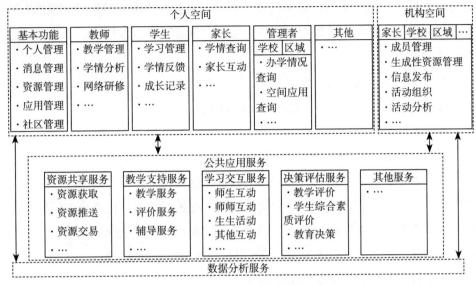

图3-3-2　网络学习空间的构成及基本功能

个人空间是具有角色基本功能且可拓展的个性化工作与学习场所，是调用各类应用服务的个人应用枢纽，支持资源管理、教学管理、交流互动和信息查询等。

机构空间包括班级空间、学校空间、区域空间等，能够调用公共应用服务，支持成员管理、生成性资源管理、信息发布、活动组织与活动分析等。

公共应用服务包括资源共享服务、教学支持服务、学习交互服务和决策评估服务及其他服务等。

数据分析服务提供各类数据分析工具，利用用户的基础数据、空间行为数据，对用户行为进行动态分析，为个性化资源推送、学习分析与诊断、精细化管理、科学决策等提供支持。

用户通过个人空间或机构空间，调用公共应用服务，支持教育教学活动。空间应用中形成的生成性资源，根据用户意愿，存放于个人空间或机构空间。

## 三、学生学习空间的设计

师生个人网络学习空间的合理设计是实现"网络学习空间人人通"的前提和基础。随着各地区教育资源公共服务平台的相继建成，师生都拥有了自己的个人学习空间，但空间实际应用效果却各有千秋，特别是学生学习空间的应用

47

更是一个难点。究其原因，除了教师、学生、家长因使用习惯和一些顾虑对学生学习空间的接受有一个过程外，学生学习空间设计是否能体现以学生为中心的设计思想至关重要。

那么，以学生为中心、支持学生开展混合式深度学习的学生学习空间应该如何设计呢？笔者认为，可以参考以下设计原则。

**1. 开放性与安全性兼顾**

网络是一把"双刃剑"。基础教育的学生基本是未成年人，他们好奇心强，自制力、辨别不良信息的能力相对较弱，这使得网络在开阔学生新视野、提供学生学习的新渠道、培养学生交流能力、促进学生个性化发展的同时，也容易对学生产生负面影响。因此，网络学习空间设计既要让学生接触到开放性的学习资源，扩充人际交流范围，同时又要重视学生上网安全性的保障。

**2. 正式学习与非正式学习环境共融**

正式学习是以课程、任务等形式展开，由外界发起和组织的教学活动，非正式学习是由学习者自我发起、自我调控、自我负责的学习。[1]正式学习是基础教育学生日常学习的主要形式，不仅存在于课堂内，也常常延伸至课堂外（如课前预习和课后复习）。同时，非正式学习是培养学生主动学习不可忽视的一种学习形式。由此，作为一种支持学生混合式学习过程的数字化学习环境，区域型学生学习空间的设计就既要支持正式学习的课内外学习的衔接，又要支持学生利用网络资源自主学习、参加虚拟社群活动、利用网络交流工具获取帮助等非正式学习。

**3. 信息数据互联互通**

学生学习空间连接多种资源库、应用系统、交流工具、知识管理工具，要使其成为一个使用方便、组合有序、服务个性的有机整体，信息数据的互联互通非常重要。信息数据互联互通主要体现在：一是平台内部应用系统间数据互联，方便师生利用不同应用系统开展教与学以及进行知识管理；二是教育宽带网与教育移动网的数据互通，方便师生以不同终端访问空间；三是教师空间、

---

[1] 余胜泉，毛芳.非正式学习——E-Learning研究与实践的新领域［J］.电化教育研究，2005（10）：18-23.

家长空间、学生学习空间的信息互通，使他们之间互动顺畅；四是学生学习空间与学校平台、省域平台或国家平台的对接互联，为学生提供更丰富的学习资源。

**4.统一性和个性化相结合**

统一性是指学习空间所基于的区域教育资源公共服务平台应是一个统一规划、统一架构、统一部署，从门户、应用和数据三个层面进行整合的集中处理平台，这是数据共享、高效服务的前提和基础。个性化是指平台能根据学生身份提供特定信息资源和数据，记录学生学习轨迹，为学生提供个性化服务。

在学生学习空间里，尽管学生学习的内容不同、学习方式不同、参与的学习活动不同，但学习的发生基本上是通过学生主动与信息资源进行交互、与他人进行网上互动来达成的。因此，学生学习空间结构和功能设计主要需要能支持学生开展主动的、个性化的学习，为学生提供有效方便的资源应用服务、协作交流服务、个人信息管理服务和个人知识管理服务。我们可以用图3-3-3来反映这种学生学习空间的结构和功能设计框架。

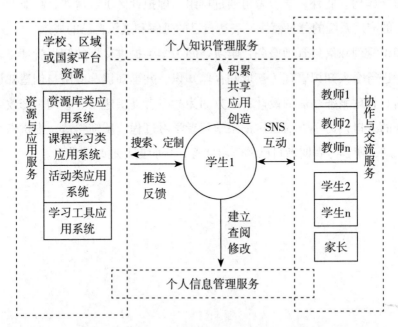

图3-3-3  学生学习空间的结构和功能设计框架

下面我们具体讨论一下学生学习空间是如何提供上述服务功能的。

资源与应用服务：学习资源和应用系统是学习内容的重要载体。平台为每个师生提供个性化的网络学习空间，通过资源聚合的机制，帮助学习者把学习资源和应用系统聚合、关联到自己的学习空间中。师生通过统一的身份认证后便能方便、高效地应用各类资源和应用系统，所有和主体相关的业务、信息均无缝整合在个人的页面中，通过个人学习空间操作所有的功能；个人学习空间具有的资源搜索、资源存储、资源定制和资源推送功能，可以满足学生对资源的个性化需求，并通过学习关联形成学习环境内外的个性化学习网络。

协作与交流服务：协作交流模块的设计采用SNS应用系统，结合个人应用定制功能，学生可以个性化地选择其中的一些社交功能模块来与学习伙伴、教师进行交流和协作。社会化网络信息、资源能在教师、学生、家长不同主体之间通过一定的规则进行主动传送和分享，通过评论、反馈等促成学习者的反思，激发学习者学习动机的同时，促成学习者深度学习的发生和反思思维能力的培养。再者，个人学习网络的每个个体还能利用学习空间的群组（虚拟社区）功能，根据爱好、兴趣建立网络学习共同体，通过分布式认知加工完成知识的协同建构。此外，学习者可通过群组（虚拟社区）、博客、相册及一些空间聚合的应用系统的分享模块，表达自己的见解和展示自己的成果。

知识管理和信息管理服务：学习空间为学生提供良好的知识管理工具，支持学生进行个人知识管理（获取和存储知识、共享知识、应用与创造知识）。个人信息管理服务功能的设计，一方面为学习者提供建立、查询、修改个人信息数据的入口；另一方面通过记录学习者学习过程、反馈学情、提供学习绩效相关信息，使学习者明晰自己的学习状态，从而更好地改进学习。

开展混合式深度学习除了需要实体资源的支持外，还需要网络学习资源和工具的支持。网络学习资源和工具是构成混合式深度学习环境的重要部分。随着技术的进步和应用的深入，网络学习资源和工具从形式到内容都越来越丰富多样：网络课件、在线微课、学科资源库、数字教材、主题资源、搜索引擎、思维工具、网络画板……除了教师们预设的教与学资源外，学生进行在线学习时还会产生大量的生成性资源。人们经常用海量来形容如今的网络资源之多，但教师们又常常还会慨叹找不到适合的教与学资源。教师该如何应对结构性资源不足的问题？还是那句老话，要学会两条腿走路：一是拿来主义，提高收集、选择现有网络学习资源的能力；二是自力更生，提高常用网络学习资源的设计与制作能力。本章将对目前混合式深度学习中新型的、常用到的网络学习资源和工具的设计、选用问题进行讨论。

# 第四章

# 新型网络学习资源和学习工具

# 第一节　微课资源的设计与制作

## 一、微课的兴起

听觉和视觉是人获得信息的主要通道，人所感受的外界信息中有80%以上来自视觉。很早以前，研究人员就发现相比于单纯的视觉学习或听觉学习，视听结合的学习效果最好。研究人员还发现，年龄越小的孩子一般学习注意力时间越短，中小学生的连续学习注意力时间一般不超过15分钟。因此，即使在网络还不发达的多媒体时代，教师们上课时已经会使用时间较短的片段式视频（录像）来辅助教学，只是受制于当时网速条件和视频制作技术，在中小学很少有教师会把视频上传到网络上供学生学习。随着互联网技术的发展，从3G到4G再到5G网络，网速越来越快，视频制作技术也越来越简便，于是，以微视频为主要内容形式的微课便应运而生，并且迅速成为最受中小学教师关注和欢迎的网络资源之一。

微课概念的提出缘于广东省佛山市教育局对教学课例视频资源的建设与应用研究。不过，微课在国内基础教育中能迅速成为热点，则与可汗学院的在线微视频教学风靡世界关系密切。

2004年，"数学天才"萨尔曼·可汗上七年级的表妹纳迪亚遇到了数学难题，向他求助。通过雅虎通聊天软件、互动写字板和电话，可汗帮她解答了所有问题。为了让表妹听明白，他尽量说得浅显易懂。很快，其他亲戚朋友也慕名讨教。一时间，可汗忙不过来了。他索性把自己的数学辅导材料制作成视频放到You Tube网站上，方便更多的人分享。他有意识地把每段视频的长度控制在10分钟之内，以便网友有耐心理解、消化。没想到，视频很快受到了网友们的热捧。"他们的留言充满了感谢与鼓励，让我欲罢不能。"可汗说，那时，他每天下班后，就一头扎进卧室的衣橱间里，用放在里面的简单设备拍摄、制作视频。不久，他又开始尝试制作科学、电脑等相关科目的辅导视频。2007年，可汗成立了非营利性的"可汗学院"网站，用视频讲解不同科目的内容，并解答网友提出的问题。除了视频授课之外，可汗学院还提供在线练习、自我评估及进度跟踪等学习工具。由于受到广泛好评，相关视频观看次数急速增长，受到鼓励的可汗于2009年辞去工作，全职从事相关课程的录制。可汗学院的成功经验对于我国微课的设计、制作、应用都极具借鉴价值。

学界对微课的概念和内涵研究颇多，但观点各有不同。近年来颇具代表性的是岑健林提出的微课定义：微课是指运用信息技术按照认知规律，呈现碎片化学习内容、过程及扩展素材的结构化数字资源。他认为，微课作为"互联网+"新形势下的学与教资源新形式、新形态、新生态，具有学习形式碎片化、学习内容可视化、学习形态结构化、学习方式非线性的特征，可分为交互类型和视频类型两种。[①]笔者认为，微课资源的出现与教学微视频紧密联系，如果没有了微视频这一核心要素，微课很容易与其他一些网络资源类型（如网络课件）相混淆。因此，本书所探讨的微课是指上述概念中的视频类型微课。作为一种结构化的数字资源，视频类型微课并不仅仅指单一的教学微视频，还包含与之相配套的微学案、微练习、微评价等。

在实践层面，经过多年的发展，从简单粗糙到短小精悍，从单一性短视频资源到组合性资源，从主要用于参加评审到越来越多的真正进入日常教学应用、推动教学模式的变革，微课资源设计制作质量和应用水平有了长足的进步，如广东省，在省教育技术中心的组织下，建立了专注微课开发和应用的"可视化学习联盟"共同体，共同体组织通过培训、研讨、课题研究、评比等方式开展研究和探索，积累了丰富的微课资源，推进了微课资源的应用。不过，对不少教师而言，如何在微课设计中更加突出学习者的主体地位、增强互动性、制作更加精良的微视频仍有较大的提升空间。

---

① 岑健林.《"互联网+"时代微课的定义、特征与应用适应性研究 [J].中国电化教育，2016（12）：97−100.

## 二、微课的教学设计

混合式深度教学主张以学生为中心，因而，微课作为支持混合式深度教学在线学习部分的一种资源，其教学设计自然也要体现以学生为中心的思想，明确微课的服务对象是学生，目的是支持学生利用资源开展在线自主学习活动。微课的教学设计遵循4W1H法则，即需要我们想清楚这五个问题：微课给谁看（Who），为什么要设计（Why），内容是什么（What），什么时候用（When），怎样设计教学活动（How）。要回答这五个问题，关键要把握好以下关系。

**1. 单一性和系列化相统一**

选择合适的主题是设计好微课的第一步。单个微课承载的教学容量小，只需传达一个核心信息或知识点，选题具有单一性特点，适宜聚焦于点（难点、重点、疑点等）。但零散的一两个微课应用对整个课程模块的学习方式、学习效果产生的影响是很有限的，只有把微课设计放到课程模块体系去规划考虑，形成某个课程模块系列化微课，才能更好地发挥微课的效益。因而，微课设计时要先对整个课程模块教学目标、学习者特征进行分析，对教学内容进行合理分解，确定适合采用微课呈现的系列主题及其整体设计风格、设计目标，然后再针对每一个微课主题进行具体设计。

**2. 主体和主导相统一**

以学生为中心的微课设计，强调的是在教师的主导下，发挥学生作为学习主体的能动性。那么，如何突出学生的主体地位？在设计微课时需要注意以下几点：

（1）增强学生的个体存在感。微课多用于学生在线自主学习，学生与教师、同学可能不处于一个空间，独自观看教学微视频容易产生被忽视的感觉。通过微课旁白语言巧妙设计，可以增强学生的存在感。比如，将集体教学时教师喜欢对着全班同学说的"同学们"改为"你"，就会让学生产生一种一对一辅导的对话感，在心理上会感觉受到重视而更主动地进行学习。

（2）增强教学微视频的交互设计。学生个体学习存在差异，在教学微视频中加入能让学生自主控制视频播放进程的按键设计，可以让学生自定步调地进行学习；在适当的地方提醒学生可以暂停视频，以便进一步思考，特别是关键点、重点处应注意做留白提示。另外，通过在视频中适当地插入交互问答设计也可以引导学生积极思考。比如，在视频中对关键的知识点设置一些小问题，可以吸引学生的注意力，检验学生的学习效果，有效地促进学生的学习，如果学生回答不出来，他们会通过反复观看来寻求答案，这样，学生的学习就会更加有效。

（3）增强学习反馈设计。学习反馈设计可以使学生明确学习任务、学习重点和学习效果，增强学习的主动性和促进学习反思，还可以使教师了解学生自主学习的情况，为后续针对性的、个性化的学习指导提供诊断依据。学习反馈的内容和要求可以融合在学案中，可以采用智能评测、练习、问题回答、观点发表等不同方式来收集相关信息。学习反馈设计力求少而精、突出重点，不增加学生认知负荷。

### 3. 精简化和完整性相统一

微课通常仅对某个知识点或教学环节进行教学，教学微视频时间短（一般在10分钟内），内容精要简洁是其特色。但精简不等于简单，也不等于没头没尾，要在短时间内让学生对学习内容产生兴趣、理解知识点（往往还是重点、难点），需要在内容设计时体现一定的教学策略，要有相对完整的教学结构。微课的完整性，一方面体现在它包含的学习材料（微视频、微学案、微反馈等）之间需要相互联系，形成完整的结构化的课程资源；另一方面体现在微视频的内容设计上，一般需要有导入、阐释（讲解、演示等）、小结等完整的教学环节。导入的目的是引起学习者学习的兴趣，要具有相关性、趣味性和启发性。导入的方法很多，主要是情境创设法。可以通过案例、游戏、故事、实验、练习等创设问题情境，唤起学生的有意注意，引发学生的思考。阐释环节是微视频的主体，根据教学内容可分为理论讲授、实验演示、技能示范、习题讲解、知识拓展等类型，不同类型的内容设计各有侧重。如理论讲授重点是讲清楚道理、原理、规则、概念等，尽量做到以例释理，深入浅出，而实验演示强调的是操作的规范性，尽量做到动作准确、过程清晰完整。小结可以让学习者再次明确和回顾所学的重难点、易错点。小结的方法既可以通过梳理关系、对比分析、一一罗列等方式帮助学生将知识归纳概括，也可以通过设置疑问的方式让学生巩固所学内容或引发深入思考。无论采用哪种方式小结，关键是抓住重点、简短有力。

**4. 科学性和艺术性相统一**

科学性是对作为在线视频课程资源的微课内容的基本要求，是向学生传递正确的价值观、真实客观的知识和标准的技能的保证。但对于微课设计，仅有科学性是不够的，枯燥无味的语言、平铺直陈的叙述、不合适的媒体表现形式，再正确的内容也难以吸引学生的注意并产生好的学习效果。微课设计还要讲究教学的艺术性和媒体表现的艺术性。言简意赅的讲解，生动有趣的画面，恰到好处的节奏，问题化的情境创设，真实可信的案例融入……艺术化的内容处理，会使学生学习兴趣、学习专注度倍增，从而取得事半功倍的学习效果。例如，广州市真光中学郑思东、崔楚颖两位老师以人教版生物七年级上册第一单元第二章实验"光对鼠妇生活的影响"为切入点，设计制作了名为"潮虫、鼠妇、卷甲虫——傻傻不分的老鼠好朋友们"的微课，作者采用问题导入：什么？终于可以去实验室做实验了。哇，什么？要自己带实验材料？什么？实验材料是鼠妇？鼠妇是什么鬼？当当当，初中生物第一个动物主角出场了……令人好奇的标题、出乎意料的导入一下子引发了学生对实验对象——鼠妇的探索兴趣。接着，作者通过在生物图片上叠合漫画人物、利用动画化静为动、利用视频再现生物的习性等可视化表现手段，再配上诙谐幽默的解说，生动形象地向学生讲解了关于潮虫、鼠妇、卷甲虫的科学知识，并利用实际操作实验来引导学生区分这些老鼠的好朋友。最后小结部分回归课本实验课题，引导学生自行思考实验对象的选择，以利于学生更好地理解及操作实验，达到实验探究目的。

## 三、微视频制作脚本编写

微视频脚本是按照微视频设计思路，对微视频的每一个教学环节，按照内容呈现的先后次序进行的具体描述。编写微视频制作脚本的目的是方便录制。表4-1-1所示的是一种微视频脚本设计模板，内容包括微视频基本信息与微视频教学过程两大项，可以详细反映微视频制作的内容及要求。微视频设计思路主要是根据上述微课教学设计的4W1H法则，简要说明微视频设计的目标（Why and When）、学习对象（Who）、学习内容（What）、教学活动（How）。微视频教学过程包括微视频各个教学环节的内容、时长和具体的表现形式等，是微视频脚本的重点部分，需要具体展开描述。其中，画面素材的选取要能真实、准确、生动地反映学习内容，呈现方式上应注意化抽象为形象、化静态为动态，发挥多种媒体元素综合运用的优势，增强表现力。

表4-1-1　微视频脚本设计模板

| 微视频脚本设计 | | | | | |
|---|---|---|---|---|---|
| 微视频基本信息 | | | | | |
| 微视频设计者 | | | | | |
| 学科名称 | | | | | |
| 微视频名称 | | | | | |
| 微视频时长 | | | | | |
| 微视频设计思路 | | | | | |
| 微视频教学过程 | | | | | |
| | 时间段 | 内容 | 画面素材 | 呈现方式 | 解说及音效 |
| 片头 | | | | | |
| 导入 | | | | | |
| 阐释 | | 内容1： | | | |
| | | 内容2： | | | |
| | | … | | | |
| 小结 | | | | | |
| 片尾 | | | | | |

## 四、微视频的制作方法

微课的主要载体形式是微视频，微课制作重要的一环是微视频的制作。目前微视频的制作方法很多，主要有PPT录制法、动画录制法、屏幕录制法、拍摄录制法等。制作微课时，制作者要根据实际需要选择合适的制作方法。

### 1. PPT录制法

Power Point 2013提供了直接将演示文稿制作成视频文件的功能。制作好PPT之后，在"幻灯片放映"选项卡中单击"录制幻灯片演示"，从打开的下拉菜单中选择"从头开始录制"进入幻灯片放映状态。在幻灯片放映过程中，可同时录制解说，记录播放时间等。幻灯片放映完后，选择"文件"菜单的"导出"命令，选择"创建视频"选项，设置视频的分辨率、是否使用录制的计时和旁白，然后单击"创建视频"按钮，弹出"另存为"对话框，选择文件保存的位置和类型，稍等片刻，一个画面清晰、质量稳定的视频文件就生成了。

教师制作的课件是使用PPT录制法制作微课视频的基础。教师只要具备基本的制作PPT课件的能力，配备一台电脑、一个话筒，就可以进行微课的制作。这种微课制作方法简单，易于实现。

**2. 动画录制法**

PPT虽简单好用，但其单线条时序难以呈现事物间的复杂逻辑关系。若想实现结构性和系统性的呈现效果，不妨试试Focusky动画演示大师等工具。Focusky是一款高效的动画演示制作软件，采用整体到局部的演示方式，以路线的呈现方式，模仿视频的转场特效，加入生动的3D镜头无限缩放/旋转/移动特效，像一部3D动画电影生动有趣，并且可以直接输出视频。

人物、图像、文字随着笔和手的移动跃然纸上的手绘动画微课有着独特的魅力，片中逼真的笔或手会吸引观看者的目光，可以用来帮助突出重难点知识。这种备受追捧的视频形式可以通过万彩手影大师、Video Scribe等软件快速制作而成。

常用到的动画制作工具还有Flash、优芽互动电影、万彩动画大师、皮影客等。

**3. 屏幕录制法**

屏幕录制法是目前应用得非常广泛的一种微课制作方法。录制的对象可以是操作者在计算机屏幕上的全部操作步骤，也可以是已经制作好的演示文稿、Flash动画等。屏幕录制软件一般操作比较简单，因此使用屏幕录制法录制微课很受广大教师的欢迎。Camtasia Studio是美国Tech Smith公司开发的一套专业的屏幕录像软件，是当前使用最为广泛的录屏软件。它不仅可以录制屏幕，还可以录制PPT演示文稿。除了视频录制功能之外，还具备强大的视频编辑功能，可以裁切视频、为视频添加字幕和背景音乐、编辑音频等。Fast Stone Capture软件体积小巧，不用安装，具备强大的截图、图像浏览编辑功能，支持多种图片格式，其中滚动截取功能最具特色。录制屏幕时，可同时录制麦克风和扬声器声音。软件操作非常简单。首先启动软件，设置好录制的范围，确定是否显示。EV录屏也是一款广受欢迎的屏幕录制软件。

利用专门的微课智能笔，铺上任意普通纸张进行书写，可以获得和纸质笔迹完全一致的电子版记录视频，制作出类似可汗学院的手写微课。

### 4. 拍摄录制法

拍摄录制法是比较常用也是比较简单的一种微课制作方法，只要有一台具备拍摄功能的设备就可以录制微课。录制设备可以是专业的摄像机，也可以是DV、iPad、智能手机等。可以随时随地地进行视频的拍摄，不受时间、空间的限制。可以独立完成，也可以借助支架等辅助器材或他人的协助进行。随着手机的普及和科技的发展，手机的功能越来越强大，在众多的拍摄设备中，使用手机进行视频的拍摄最便捷，操作最简单，传播最快速。使用专业摄像机拍摄视频受机位、机器数量和环境的影响较大，对拍摄者专业要求较高。教师可以出镜，也可以不出镜。如果教师出镜，那么学生就有了和在教室上课同样的体验，很容易进入状态，同时也容易陷入心理疲劳。如果教师不出镜，则能将学生的注意力最大限度地集中在学习上。

无论采用何种制作方法，如果需要都可以采用视频编辑软件对微视频进行编辑，如添加字幕、裁剪音视频、进行美化等。常用的后期编辑软件有会声会影、Adobe Premiere等。[1]

---

[1] 本小节部分内容参考广州市番禺区吴媛媛老师的研究报告《微课介入"研学后教"课改的设计与应用研究》。

# 第二节  在线数字教材的选用

## 一、数字教材的形态和特点

随着信息技术的发展，数字教材的形态和支持环境也在不断的变化之中。其形态大体经历了强调纸质教材内容的数字化还原——支持丰富的动态媒体形式——将各种媒体资源有效整合——整合内容资源、终端设备、教学工具与服务平台的发展历程。即数字教材从早期的纸质教材原版原式复制的电子教材，逐渐趋于在保持纸质教材内容的基础上加入多媒体资源、交互、互联等新元素。[①]发展到今天的在线数字教材，是指依据国家课程标准要求系统设计，基于严格的出版流程，以传统纸质教材为蓝本——涵盖全学科、全学段，在云服务、富媒体、大数据等技术支持下，融教材、数字资源、应用数据为一体的立体化、网络化教材。由于教科书在传统中小学课程资源中处于核心地位，以其为蓝本设计、出版的中小学在线数字教材也成为核心的数字化课程资源。其主要特点如下。

### 1. 基础性

数字教材的内容是依据课程标准而系统设计的以多种媒体形式呈现的教学内容，其多媒体资源反映课程标准的共性要求，内容遴选通常比一般的资源库严格，教师和学生无须在众多资源中抽选和二次组织教学内容，而可以直接使用数字教材中提供的基础内容达成教学目标，属于基础性资源，开发的目的是满足广大中小学在信息化环境下的教与学基本应用的需要。在线数字教材还可以通过标准数据接口，与不同类型、不同内容、不同功能的其他课程资源进行

---

① 钟岑岑.国内数字教材研究现状［J］.数字教育，2016（5）：12–18.

连接，并通过被连接的资源满足个性化的教与学需求，起到基础连接的作用。[①]

### 2. 交互性

在线数字教材的内容的组织是非线性的，师生可以通过人机交互自主选择数字教材中相应教学内容的文字、视频、交互动画等不同类型的媒体资源进行学习，也可以选择利用其连接的学习工具、互动系统、测评系统开展教与学。

### 3. 体系化

由于在线数字教材是以传统纸质教材为蓝本嵌入多媒体资源内容，内容通常涵盖全学科、多学段，内容及编排架构表现出非常明显的体系化设计的特点。这也是数字教材与其他众多数字资源相比的一个重要特点和优势。

### 4. 平台化

在线数字教材不仅是一本声画并茂、视听结合的电子化课本，具有教材属性，而且是一个体现以学生为中心的教学理念的学习环境，具有环境属性。支持多样化终端+富媒体化交互学习内容+云服务平台是在线数字教材的核心组成，平台化的数字教材为学习者提供了一个开放、互动的学习环境。

## 二、在线数字教材的常见功能及应用场景

目前我国数字教材发展迅速，不同出版社、企业开发的数字教材及支持环境所具备的功能是不尽相同的。通常在线数字教材包括以下常见功能及应用场景。

### 1. 学习过程支持

提供书签、聚光灯、记号笔、画笔、便签、截图等多种通用学习工具，可用于学生做笔记、标注等，方便学生进行自主阅读时使用。通用学习工具还可用于辅助教师授课，引导学生阅读教材，标注知识点，进行习题分析等。

提供不同学科工具，方便学生进行探究学习，如语文学科数字教材，提供字典工具；数学学科数字教材，提供计算器、画板等工具。

提供思维工具、互动工具、练习测评工具等支持多种教与学活动的开展。

---

① 王志刚，沙沙.中小学数字教材：基础教育现代化的核心资源［J］.课程·教材·教法，
2019（7）：14-20.

**2. 资源服务**

数字教材的内容页面提供了资源热区、资源同步、页面缩放、添加资源、单双页切换、资源下载等功能，为学生利用资源进行自主探究学习和练习提供支持，为教师利用资源备课、授课提供支持。资源的质量、丰富程度在很大程度上决定了数字教材的质量。质量高的数字教材，会根据不同学科的内容特点、不同学段的学生特点，精选合适的资源内容及表现方式。比如，初中历史学科数字教材，将历史知识隐藏于可交互、动态的历史地图之中，抽象的历史事件知识与形象的地图相结合，有助于学生更好地去理解掌握学习内容。又如，初中理化学科数字教材，提供配套虚拟仿真实验资源，便于学生利用资源开展探究学习或者进行复习。

**3. 数据记录**

借助在线数字教材应用平台，可以采集学生个人学习数据，形成学生个性化的学习报告；也可以对教与学的行为进行记录，为教与学提供更精准的分析和评价。

目前，不少区域的教育部门已经把在线数字教材平台作为一种重要的资源系统，整合到本地教育资源公共服务平台，师生通过个人网络学习空间的形式可以便捷地调用数字教材资源。这有利于促进数字教材的深入应用和规模化应用。如广东省义务教育阶段的教师和学生，登录省教育资源公共服务平台后，就可以访问、调用其中的粤教翔云数字教材。

# 第三节　VR/AR教学资源的选用

## 一、VR/AR教学资源的特点与应用场景

虚拟现实VR和增强现实AR教学资源都是互联网时代发展迅速的带有虚拟画面的情境化教学资源，两者在创设高仿真情境、呈现微观或宏观的现象、展示事物运动变化过程、可交互等方面都有着异曲同工之处。但两者也有较明显的区别。

一般认为，VR教学资源具有三个特性：沉浸性、交互性和构想性。沉浸性指使用者在使用过程中产生的身临其境的感觉；交互性指使用者可以利用传感设备与虚拟环境中的大部分对象进行交互；构想性指使用者不仅可以在虚拟环境中获得真实体验，而且可以充分发挥想象力，根据个人意愿，创造现实世界中某些不存在的物体。[①]

VR是纯虚拟场景，需要与现实世界完全隔离，所以VR装备更多的是用于用户与虚拟场景的互动交互，更多的使用是：位置跟踪器、数据手套（5DT之类的）、动捕系统、数据头盔等。

增强现实技术AR提供了在一些特殊情况下难以感知的信息，并将它们立体地呈现出来。AR教学资源特点概括如下。

**1. 虚实结合**

它通过传感器扫描，将其信息呈现在真实环境中，用户可以通过眼镜观看，或者使用手指点击操作，让三维物体360度无死角呈现，用户还可根据当前

---

① 高海波.VR（虚拟现实）教育应用综述［J］.信息与电脑（理论版），2019（02）：231-232，235.

任务或需要交互地改变其大小、形状和外观。

**2. 自然的实时交互**

增强现实使用户处于一种虚实相结合的真实环境中，与交互对象显得更加真实自然。时间与空间的统一性，让用户体验更加真实的交互感受，这样自然的实时交互带来的是更深层次的趣味性和角色带入感。

**3. 实时跟踪**

它是三维注册的，可根据用户在真实空间中的位置变化做出调整，保证人、环境、虚拟信息的同步性。[①]

由于AR是现实场景和虚拟场景的结合，因此基本都需要摄像头，在摄像头拍摄的画面基础上，结合虚拟画面进行展示和互动。

VR/AR教学资源的应用场景包括各种情境化教学场景，在基础教育主要有体验式教学、实验教学、技能训练和安全教育等。

## 二、VR/AR教学资源的获取

**1. 硬软件一体包**

有些VR产品开发公司，其资源是与硬件产品一起销售的，因而，在购买硬件设备时，就会获得相应的一些课程教学资源。比如，美国林肯实验室开发的Z-space是一套桌面虚拟现实显示系统，它由一台3D显示屏、VR触控笔及3D立体眼镜构成。用户使用这套系统可以将显示屏内显示的图像通过触控笔移动到屏幕之外的空间，显示效果如同科幻电影中常见的全息显示技术一般，该系统会与硬件设备一起提供部分课程教学资源。又如，沉浸式虚拟现实头显产品VR一体机，也会自带部分资源。

**2. 云端资源服务**

通过访问云端资源服务平台来获得VR、AR教学资源，是目前常见的获取资源的形式，如VR一体机可以通过连接Wi-Fi登录提供VR资源的网站来获取资源。在ios系统，访问App Store可以找到部分适用于教学的AR App，比如，Plantale是其中一款生物AR App，它包含四个功能模块，分别为发芽、AR下的

───────────────

① 张康英.AR技术在基础教育领域的应用探析［J］.电脑知识与技术，2018（12）：167-168.

植物、生殖和活动。通过这四个模块的学习，可以让学生清晰且直观地体验植物生长的各个阶段的特点，可以在不同尺度下（宏观到微观）用AR观察各部分解剖结构，这有助于学生直观且快速地形成植物各部分结构与其功能相适应的观念。①

**3. 沉浸式教育软件系统**

为了解决VR课室固定化、投资大的问题，近年来国内企业研发了沉浸式教育软件系统。这类沉浸式教育软件系统由沉浸式教育管理平台、沉浸式教育课件、沉浸式教育云端组成，除了可以提供课件资源外，还可以对学生学习过程进行管理和分析。其中较有代表性的是微视酷的"IES沉浸式教育软件系统"。

**4. 自行开发**

教师也可以因地制宜，利用专门的设备和软件自行制作个性化的、简易的VR/AR资源。

（1）VR全景视频制作

目前，VR全景视频的形式主要有三种：全景3D虚拟视频、全景2D图片和全景2D视频。全景3D虚拟视频是利用三维建模软件制作出来的模拟现实的场景，再利用Unity等游戏引擎完成场景的搭建和交互功能。全景2D图片是基于静态图像的虚拟全景技术。比较常见的是单视点全景图，是由围绕轴心水平旋转的相机拍摄的多张图像拼接而成的。它具有开发成本低廉，应用广泛的特点。全景2D视频是采用专业全景摄像机进行视频内容的采集，后期通过全景视频拼接软件拼接成一个无缝的"球"。最终输出360度全景视角的球状全景视频，再配合专业的全景视频播放器，外接不同的视频显示设备，来实现动态的真实环境的还原，给受众带来跨越时间和空间的虚拟体验。全景2D视频制作的流程与一般的视频制作流程差不多，关键是要有全景视频制作的思维，学校自行开发的成本、难度相对较适中。②

---

① 王淑佳，刘凯.增强现实技术（AR）在中学生物学教学中的应用［J］.生物学教学，2020（1）：39-40.

② 刘畅.低成本VR全景视频的制作与应用［J］.教育与装备研究，2020（1）：76-80.

（2）AR卡牌教学资源制作

借助专门的AR互动教学资源制作平台，教师可方便地制作AR卡牌式教学资源。备课时，教师使用平台，通过添加识别图、素材几个简单的操作就完成了AR课件的制作。授课时，老师可用手机或者平板打开备好的教学AR课件，利用手机摄像头扫一扫课本的识别图，调出3D模型，并投屏到课室的大屏上进行讲解。学生也可使用移动终端扫一扫课本识别图，调出AR课件进行复习。

总而言之，VR/AR教学资源的开发应用虽然展现出良好的发展态势，但目前来说，优质的VR/AR教学资源还比较缺乏，还需要各方努力去开发更多更好的资源，满足教学的需要。

# 第四节　常见在线学习平台及学习工具选用

这里讨论的在线学习平台是指由企业设计与开发，面向普通学习者的在线互动平台、资源平台。在线学习工具是指功能相对专门化、单一的学习工具。随着政府、教育企业、学校、教师、学生等教育行业相关各方对"互联网+教育"的重视，在线学习平台和学习工具层出不穷。平台、工具千千万，教学要选哪一样？掌握选用原则，了解平台、工具的功能和应用场景，有助于我们做出正确的选择。

## 一、选用原则

### 1. 功能适切

有的在线学习平台视频直播和点播功能强但互动功能弱，有的在线学习平台互动功能出色但不提供学科资源，有的在线学习平台学科资源较丰富但没有点播、互动功能，有的在线平台看似各种功能模块都不缺但实际用得上的功能只有一二。因此，很难说哪个平台一定好、哪个一定不好，重要的是教师要根据自己的需求选择功能适切的平台和工具。

### 2. 使用方便

使用方便、简单好用的软件产品最能被大众所接受，比如大家所熟知的微信。同样，简单易用也是在线学习平台、学习工具能为广大师生接受的重要基础。值得注意的是，使用方便不是只针对某一个教学环节而言，而是针对整节课、整门课程甚至多门课程的在线学习而言的。比如说，如果老师在互动环节用A平台，在利用资源自主学习环节用B平台，在作业环节用C平台，这样，老师和学生需要登录多个平台才能完成教学任务，即使单个平台的使用是简单的，但叠加起来却变得不方便了。一般来说，选用设计合理、综合功能强的平台

67

更方便。

### 3. 安全稳定

中小学生信息辨识能力和自控能力都还相对薄弱，其在线学习的时间也不宜太长。在线学习平台、学习工具的安全稳定是开展在线学习的基本保障。比如开展移动学习，选择列入国家或本地区白名单的App学习平台。

### 4. 性价比高

有的在线学习平台、学习工具虽然功能不错，使用也方便，但涉及收费问题，教育部门一般都不推荐使用。我们在选用时，要留意平台的收费情况和性价比，尽量选择教育部门建设或者推荐的免费开放的平台、工具。

## 二、常见在线学习平台、学习工具的功能及应用

在线学习平台的功能主要包括直播、点播、资源库、评论、群组（互动）、（作业）测评、统计等，各种平台功能侧重点不同，有些平台专注于其中某一两种功能，但更多的平台其功能是综合性的，具有将资源、互动和数据整合在空间的功能。笔者收集整理了10种常见的在线学习平台、10种常见的在线学习工具的功能及典型应用场景，如表4-4-1、表4-4-2所示。这些平台、工具都可应用于混合式深度教学中，表中例举的应用场景会更具体化。所推荐的平台、工具目前大部分是免费使用的，少数可能会涉及收费，大家需注意甄别和选用。

表4-4-1 常见的在线学习平台的功能及应用场景例举

| 平台 | 功能特色 | 应用场景 |
|---|---|---|
| UMU互动平台 | 支持图文、音频、视频、微课、直播等多种知识呈现形式；可组织多种互动：投票、提问、讨论、考试、签到、拍照；提供个性化的学习路径和即时反馈 | 同步或异步在线学习，网络协作学习 |
| 雨课堂 | 教学资源插入幻灯片并推送到学生微信；一键发送融入PPT的习题，可限时可续时，随时讲随时测；支持弹幕、投稿、随机点名等多种互动方式；提供主客观题、投票题，附件作答、拍照上传、语音回复等多种作业形式；具有学习数据统计功能 | 在线学习部分应用可覆盖课前、课中、课后教学环节 |
| CCTALK | 视频直播点播、白板板书、多媒体教学、随堂练习、屏幕分享、课程管理、群空间学习论坛等 | 同步或异步在线学习 |

| 平台 | 功能特色 | 应用场景 |
|---|---|---|
| moodle | 体验建构主义学习理念的学习管理系统。包括系统设置、文件备份、编辑设定、用户管理、课程管理及活动记录等模块化系统管理功能；在线教学模块采用可自由组合的动态模块化设计；支持讨论区、聊天室、在线调查、学习评价等十几种课程活动 | 网络课程学习 |
| 洋葱学院 | 以数学课程教学见长，现扩展为多学科课程学习平台。采用动画视频课程授课，每节课平均5~8分钟精讲一个知识点或思维点；课中、课后配有交互练习；人工智能测评，个人学习报告功能 | 在线自主学习 |
| WISE | 通过项目计划引导学生了解真实世界、分析各种现代科学观点、亲历科学探究过程并进行学习反思，可以监控学生学习过程 | 基于网络的探究学习 |
| 可汗学院 | 含多学科、多学段课程教学微视频，具有互动练习、手写识别和智能诊断、个性化资源推送功能 | 在线学习、自主学习 |
| AI学 | 提供多媒体资源与题库；具有手写图文作答数据智能识别与分析、云端批改、个性化推送等功能 | 智慧教学、个性化学习 |
| 学科网 | 教学资源库平台，包含中小学全学科、全学段多类型的教学资源，资源动态更新 | 教师备课 |
| 101教育PPT、C30教学平台 | 备授课一体化教学软件。备课时可调用云端海量课件库的资源制作PPT；授课时可用手机控制大屏课件播放、互动及作业展示，具有形成学习报告的功能 | 运用多媒体进行互动教学，教师备课 |

表4-4-2　常见的在线学习工具的功能及应用场景例举

| 工具 | 功能特色 | 应用场景 |
|---|---|---|
| X-mind 思维导图 | 通过各种结构图，如鱼骨图、矩阵图、时间轴、组织结构图等来呈现可视化思维过程 | 帮助学生厘清复杂事物的逻辑关系；头脑风暴式协作学习；帮助教师进行学习分析和学习评价 |
| 形色 | 植物识别App，识别率高，并可关联各种古诗词等文化资源 | 开展关于以植物为主题的探究学习 |
| Phet | 提供丰富的在线物理、化学、生物、地理及数学虚拟仿真互动实验程序 | 学生利用互动实验开展自主探究学习；教师进行实验演示教学 |

| 工具 | 功能特色 | 应用场景 |
|------|---------|---------|
| 微软小英 | 包括"网页功能"和"窗口功能"两个功能类。情景模拟、发音挑战、易混音练习、单词修炼四个功能，是基于网页的应用。情景对话、跟读训练、中英互译三个功能，是基于微信聊天窗口的功能 | 在线自主英语口语学习 |
| 网络画板 | 超级画板基础上发展起来的互联网动态数学工具云平台，体现数形结合的思想。汇聚、共享画板课件资源；具有活页PPT功能、函数和参数方程功能、计算迭代功能等；2D/3D动态作图效果 | 学生在线自主学习、探究学习。教师演示教学 |
| 有道语文达人 | 收录海量词库、中小学课内外古诗文；支持多种检索模式，可手写或拍照取词；支持离线查询 | 在线自主学习 |
| 惜墨地理小百科 | 收录常见地理词汇4000多条，包括地名、山脉、江河、地理现象、人文等常见地理知识 | 在线自主学习 |
| 问卷星 | 具有人性化在线设计问卷、采集数据、自定义报表、调查结果分析等功能 | 在线测评、在线调查、在线投票。帮助教师进行学情分析和学习评价 |
| 极课大数据 | 其自主研发的EI教育智能系统，对学习过程进行动态化数据采集和智能分析 | 个性化教学管理；数据智能驱动的精准教学 |
| 智学网 | 题库、在线答疑、随堂检测、作业批改、知识图谱的个性化学习分析和推荐 | 测评和学情分析；在线差异化、个性化教学 |

教学设计是教师实施混合式深度教学的依据。一般来说，教学设计包含五个要素：目标、内容、方法、资源和评价。其中，目标要素处于中心地位，内容、方法、资源、评价归根结底是为目标服务的。混合式深度教学的目标任务体现在三个维度：一是行为目标，强调让学生获得学习参与体验，经历有意义的在线和面对面融合的学习过程；二是认知目标，强调让学生在理解基础上能进行知识迁移、问题解决；三是情感价值观目标，强调让学生形成积极的内在学习动机、高级的社会性情感、正确的价值观。如何才能实现这些目标呢？涉及的问题相当复杂，由于学情、师资、教学条件的差异，相应的策略、方法、模式也非常多样。本章着重从技术融入的角度，对混合式深度教学设计中通用性的关键策略、教学模式进行探讨。

# 第五章　混合式深度教学设计

# 第一节　混合式深度教学设计的关键策略

## 一、问题驱动策略

### （一）设计驱动性问题

混合式深度教学的目标之一是让学生经历问题解决的学习，也就是说，这样的教学是围绕问题展开的，问题驱动是其关键的教学策略。

学科和跨学科的核心概念中蕴含着本质问题。学科的本质问题反映了一个学科的关键探寻，指向学科中的大概念。比如，人们为什么要迁移？这是一个历史和社会学科领域的本质问题。结构和功能是如何与生命事物相联系的？这是科学领域的本质问题。

有些本质问题很有趣，能够激发学生的兴趣。比如，聪明能够学习吗？在什么样的情况下，光会像波浪一样运动？而有些问题就太深奥了，需要改成驱动性问题。驱动性问题就是将比较抽象的、深奥的本质问题转化为特定年龄段学生感兴趣的问题。本质问题比较抽象，而驱动性问题则嵌入了学生更感兴趣的情境。[①]

例如，"植树对城市空气的影响"这样一个本质问题对于小学生来说比较抽象、枯燥，但如果将其转化为下面的驱动性问题，便会引发学生强烈的探究兴趣：

"同学们，老师在中山大道、白云山、校园分别拍摄到一些不同树木的叶子。这些叶子都有斑点。斑点很有规律，都呈现圆形，有大有小，有些出现

---

① 夏雪梅.项目化学习设计：学习素养视角下的国际与本土实践［M］.北京：教育科学出版社，
2018.

在叶背上，有些叶背叶面都有，而且面积在不断扩大。是什么东西让叶子长了'斑'呢？"（本例子修改自广州市天河区华阳小学郑松南等老师、广州市西宁小学黎智锋等老师的教学案例）

一般来说，一个好的驱动性问题具有以下特征。

**1. 与学生生活、社会问题、科技发展等现实性、真实性问题相联系**

例如，"建立数学模型解决问题"是数学的一个本质问题，"建立一元一次方程模型解决简单的面积问题"是其中的一个主题学习内容。针对这一主题学习内容，可以采用多个驱动性问题：销售中的盈亏问题、油菜种植计算、电话计费问题等来展开探究，由于这些驱动性问题都是日常生活、生产实践中常见的问题，学生觉得问题真实可信，解决这些问题非常有现实意义，容易产生深入学习的愿望。

**2. 与课程标准、目标任务相联系**

驱动性问题中应隐含着课程标准的要求，有利于达成教学目标，并且可以分解为难度适当的可操作的学习任务。例如，我们在分析信息技术必修模块"人工智能的应用"课程目标后，设置了如下驱动性问题来引导学生对人工智能的应用进行多维度、深入的思考：2020年新冠肺炎突袭人类，为抗击疫情，老人宅在家不出门、学生在家上网课、医护人员冒着受感染的危险在照顾病人……假如你是一名机器人设计师，你想为哪类人设计一款具有什么样的功能的人工智能产品帮助他们？

**3. 能引发学生持续探究的热情**

简单的记忆性问题难以激发学生的探究兴趣，也缺乏探究的价值。比如说春天来了，木棉花绽放枝头，请描述木棉花的形态特征。这样的问题就算没见过木棉花的人，百度一下便知晓。而那些具有一定挑战性的、开放性的问题，就像登山一样，能够激发学生"攀登"心理，经过努力登顶后会产生成就感。问题有难度，学生会进行深度学习，而非停留在问题最浅层面的探究上。上述以"是什么东西让叶子长了'斑'"作为主驱动性问题的学习项目，通过主驱动性问题生化出层层深入的导学问题链，引发了学生持续的思考和探索：长斑的原因可能有哪些？（学生查资料、进行头脑风暴）如果是因为叶子含二氧化硫，那么其成因是什么？（学生开展调查）不同树种的叶片二氧化硫含量与广州空气污染的关系是怎样的？（学生实验、数据分析）最后学生根据"植物抗性机理上提供抗污染树种的参考依据"，提出植物叶片的二氧化硫含量对广州空气污染影响的预防措施和建议（学生撰写报告并汇报）。通过这种问题驱动的学习项目，引导学生关注环境破坏对人类生活造成的影响，激发学生保护环境的意识，学生在亲自动手实践和观察的深度探究过程中，提高了问题解决的能力和协作学习的能力。

### （二）设计基于问题的学习任务单

在混合式深度教学中，学生是通过完成一系列线上线下相呼应的学习任务来解决包含在情境中的问题，进而达成学习目标的。学习任务是指向学生的，是学生开展学习活动的依据，如何让学生清晰地了解学习任务？如何为学生在线自主学习提供有效的路径指引？如何有效衔接线上学习和线下面对面学习？可以应用学习任务单这一媒介来帮助我们解决这些问题。

学习任务单没有固定的格式，通常包括学习指南、学习任务、问题反馈、学习反思等要素，学习任务是其最核心要素。

### 1. 学习任务

根据解决问题的需要分解的学习任务，大小要适当、要求要具体；各任务之间还要相互联系，形成循序渐进的梯度，组成一个任务链，以便学生踏着任务的阶梯去建构知识、解决问题。需要特别注意的是，线上学习任务与线下学习任务设计的连贯性和互补性。此外，在设计任务时要充分考虑时间限制、所需设备和可用的各方面资源，以保证其可行性。

例如，在初中数学"实际应用与一元一次方程"一节的学习中，林老师围绕主驱动性问题"如何选择更划算的电话套餐"，设置了线上学习和面对面学习相互呼应、逐渐深入的四个学习任务，使学生经历电话计费问题的解决过程，发展学生高阶认知能力［见表5-1-1，本表改编自广州市绿翠现代实验学校林茵老师课例"实际问题与一元一次方程（探究3）"的教学设计］。

**表5-1-1 "实际问题与一元一次方程（探究3）"学习任务设计**

| 教学环节 | 学习任务 |
|---|---|
| 课前（线上自主学习） | 1.观看微视频"电话计费问题"<br>思考：<br>（1）一个月内在本地通话200分钟和300分钟，按两种计费方式各需交费多少元<br>（2）对于某个本地通话时间，会出现两种计费方式的收费一样的情况吗<br>（3）如何选择计费方式，使用户打电话更划算<br>2.自我评测<br>（1）某电信公司给顾客提供了两种手机上网计费方式：方式A以每分钟0.1元的价格按上网时间计费；方式B除收月基费20元外，再以每分钟0.06元的价格按上网时间计费。假设顾客一个月手机上网的时间共有$x$分钟，上网费用为$y$元<br>（2）用含有$x$的代数式分别写出顾客按A、B两种方式计费的上网费<br>（设计意图：让学生初步了解方程模型在电话计费等实际问题中的应用，为课中的探究活动做好知识铺垫，为教师组织课堂教学提供可靠的数据支持） |
| 课中（面对面教学） | （在聆听教师对课前学生自学情况分析和释疑的基础上开展探究学习）<br>探究学习任务一：<br>下表给出的是一种移动电话的计费方式<br><br>见下表<br><br>（1）思考：你知道表格中这些数字的含义吗<br>（2）当主叫时间分别是90分钟、150分钟、160分钟、214分钟，费用分别是多少？列式表示<br>（3）当通话$t$分钟时，费用如何<br>（设计意图：使学生能理解表格信息，并学会对表格信息进行初步梳理和简单加工；通过计算量较简单的例子，领会"话费多少与主叫时间有关"的规律） |

| | 月使用费（元） | 主叫限定时间（min） | 主叫超时费（元/min） | 被叫 |
|---|---|---|---|---|
| 方式一 | 58 | 150 | 0.25 | 免费 |

| 教学环节 | 学习任务 |
|---|---|
| 课中（面对面教学） | 探究学习任务二：<br>下表给出了两种移动电话的计费方式（在探究任务一的计费方式下，增加一种新的计费方式）<br><br>（见下表）<br><br>讨论：根据刚才的经验，试着写出当通话时间为$t$分钟时，计费方式二的收费情况<br>（设计意图：通过讨论掌握"分类的关键点"，由感性认识逐步过渡到理性分析，为后面的深入探究打下基础）<br>探究学习任务三：<br>小组合作探究：如何选择更划算的计费方式<br>（设计意图：这是本节课的关键任务。让学生体验使用表格整理信息的益处，并通过列表进一步明确两种计费方式的变化规律，同时考查学生列代数式表示未知数的能力。学生通过对问题进行分类讨论得到"方程模型"，并利用方程求出关键数据，使学生认识到建立方程的重要性和应用价值，提高应用方程解决实际问题的能力） |

|  | 月使用费（元） | 主叫限定时间（min） | 主叫超时费（元/min） | 被叫 |
|---|---|---|---|---|
| 方式一 | 58 | 150 | 0.25 | 免费 |
| 方式二 | 88 | 350 | 0.19 | 免费 |

**2. 学习指南**

学习指南包括学习目标和学法指导，主要应用于在线学习部分，为学生线上学习提供目标导向和方法指引，减少学习盲目性。学习指南内容宜简明扼要。

**3. 问题反馈**

学生在自主、协作学习中遇到什么困惑，可以记录下来，反馈给教师。为教师设计线下面对面教学、开展个性化辅导提供参考。

**4. 学习反思**

记录自己的学习收获、存在的问题。

以下是广州市天河区体育东路小学林晓兰老师设计的小学语文《学会提问之"对比提问法"》课前自主学习单，巧妙地为学生搭建了接收支架、转换支架和表达支架，解决了学生自主学习时可能遇到的难题，提高了学习效率和学习兴趣。

亲爱的同学:

你好!欢迎你来到林老师的语文课堂!这一次,我们要学习"对比提问法",请观看微课"对比提问法",了解它的三个步骤,并运用这个方法阅读《"精彩极了"和"糟糕透了"》,理解文章内容。请把这篇文章认真地读两遍,然后开始我们快乐的学习之旅吧!

第一步:寻找对比点

你能从《"精彩极了"和"糟糕透了"》中找到多少个对比点呢?请在图5-1-1小太阳图上写下来。小提示:从不同角度思考,能找到不同的对比点。

图5-1-1　小太阳图

第二步:对比练习(见表5-1-2)

表5-1-2　对比练习表

| 具体内容 | 对比点 | | |
|---|---|---|---|
| | 妈妈的表现 | 爸爸的表现 | "我"的表现 |
| 举例:"我"写了第一首诗 | 热情地赞扬 | 毫不留情地批评 | …… |
| | | | |
| | | | |
| | | | |

第三步:我来提问

通过上面的对比,你一定有许多问题要问。请写表5-1-3你觉得最好的一个问题。

表5-1-3　"三星"好问题标准

| 星级 | 标准 |
|---|---|
| ★ | 在文章的一个地方就找到答案的问题 |
| ★★ | 在文章两个以上地方才能找到答案的问题 |
| ★★★ | 联系上下文综合思考才能得到答案的问题 |

"好问题"长什么样？它可能还具有这样几个特点：

（1）它能引起你的兴趣。

（2）它值得我们一起去研究。

（3）它能启发我们思考。

### （三）借助信息技术呈现情境和探究问题

无论是我国古代荀子提倡的"不闻不若闻之，闻之不若见之"学习方法，还是美国学者埃德加·戴尔（Edgar Dale）1946年提出的"学习金字塔"（Cone of Learning）的理论，都肯定了教学的直观性原则。每个人的经历都受时空限制，不可能事事亲身经历。网络技术、多媒体技术、人机交互技术、虚拟仿真技术等信息媒介技术为学习者提供了一种替代经验，有助于学习者突破时空限制，解决教学中具体经验和抽象经验的矛盾，弥补各种直接经验的不足。在呈现问题情境时，如果我们能根据问题的特点，适当地采用图片、视频等多媒体形式表现，会更形象生动、更具真实感，从而能更好地激发学生的学习动机。在探究问题时，恰当使用多媒体资源、网络资源、VR/AR资源，能帮助我们更好地理解概念、原理，促进学生在理解基础上深层次学习的发生。

对于利用一般的图片、动画、音频、视频、交互式学习软件进行问题情境的创设和探究，很多中小学教师都已非常熟悉。而随着虚拟仿真技术的成熟，VR/AR资源在中小学的教学应用也开始受到关注。

VR/AR资源的交互性和沉浸感，可以帮助学生更好地去观察、体验、操作一些平时难以接触的事物，在接近真实的环境中去开展探究性学习活动。比如，"富兰克林实验室"是一套针对物理学科电学课程开发的、适合中小学课堂使用的虚拟现实教学工具。软件模拟出一个逼真的电学实验室，包括有发动机、开关等多种可拆分电学元器件。学生可以借助其深入了解并正确掌握电学的工作原理、实验场景，甚至设计排错检修课程，而不必担心元器件损耗和实验的安全性。

需要注意的是，我们在选择媒体资源时，要注意其与所要探究问题任务的相关性，有助于深入感知和理解，避免追求新花样、为用而用。比如利用不大成熟的AR技术，在课室上呈现行星绕日运转的景象，可能对于问题探究的作用还比不上应用制作精良的交互式视频动画。

## 二、思维外显策略

### （一）明确思维外显的目的和方法

混合式深度学习的过程是问题解决的过程，也是培养学生思维品质、发展学生高阶思维能力的过程。如果只关注学生解决问题的结果，不关注学生在解决问题过程中是如何思考的，那么学生在遇到新的问题情境时就可能难以进行知识迁移、创新应用。然而，思维又是隐性的，不借助一定的方法难以发现。比如，在回答"如何给鱼缸换水"时，因为老师讲过这个例子，A、B两名学生都能回答出可以应用"虹吸"现象来排水，从回答上看，似乎两名学生都已理解什么是"虹吸"现象了。但老师换了一个问题发问，"说说装有S形管的抽水马桶轻微堵塞了，为什么可采用皮搋子来疏通"，这次A学生能详细分析原因，而B学生却答不出来。可见，让学生表达其思维的过程是很重要的，它能及时发现学生思维过程中存在的问题，及时进行纠错，也可以把一些条理清晰、推理有据的思维过程显露出来进行分享。将教与学的思维过程外显化，以使其可观察、可操作、可评价，有利于对学生思维活动过程与结果进行分析和诊断，帮助学生及时了解自己的学习情况、修正错误、建构概念和知识体系，同时提升学生的思维品质。

语言是思维的外壳，思维外显的方式不外乎就是将思维过程说出来、写出来、画（图+文字）出来。有学者从师生活动设计的角度提出了思维外显的三种方法：通过学生的自我分析让思维外显、通过学生的质疑辩论让思维外显、通过教师的连续追问让思维外显。[①]这三种方法都可以采用说、写、画的方式去表达。其中，借助思维工具"画出来"这种方式，因为能通过图形、连接符和文字的灵活组合可视化思维，直观地反映了思维的方法和途径，现已成为思维外显的重要方式。

### （二）利用思维工具使思维可视化

思维工具属于认知工具，本质上是一套用来引导人们思考方向和侧重点的

---

① 刘月霞，郭华.深度学习：走向核心素养（理论普及读本）［M］.北京：教育科学出版社，2018.

思维策略方法，包括思维可视化工具和思维策略工具两部分。思维可视化工具和思维策略工具往往是一个统一体，即人们选择了某种思维可视化工具，也就选择了隐含在其中的策略工具。思维可视化工具的最大作用在于将思维过程和思维结果进行可视化呈现，减少对工作记忆本身的依赖，从而帮助学习者将更多认知资源用到高端的思维加工上去。[①]

随着信息技术的发展，出现了很多用于制作思维图的思维可视化工具软件。使用思维可视化工具软件在编辑、修改、保存、分享、远程协作制作思维图等方面较有优势，但与用纸笔制作相比，在训练学生思维能力、展示思维过程及结果上并没有多大区别。因而，对于混合式深度学习来说，是否采用思维可视化工具软件制作思维图不是重点，如何合理利用不同的思维可视化工具，厘清、呈现问题解决的思维过程，引导学生深入思考并构建知识体系才是重点。

**1. 让学生了解常用思维可视化工具的用途**

在中小学教学实践中，思维导图是近年来最常用到的一类思维可视化工具，主要被教师用来展示课程学习内容的纲要和知识点的归纳梳理。实际上，思维可视化工具远不止思维导图一种，研究人员还开发了不少隐含思维策略的思维可视化工具图。比如，日本关西大学黑上教授就对17种思维可视化工具图所指向的思考技能（思维策略）、适用的内容进行了研究和归纳，如表5-1-4所示。[②]

表5-1-4　常见思维可视化工具种类及用途

| 思维技能 | 思维工具 | | 内容 |
|---|---|---|---|
| 1.排序 | 坐标轴图 | 钻石图 | 对于复数对象，依循某个观点或条件，调整对象位置 |

---

① 赵国庆，杨宣洋，熊雅雯.论思维可视化工具教学应用的原则和着力点［J］.电化教育研究，2019（9）：1-9.

② 黑上晴夫.逻络笔记认识思维工具［EB/OL］.（2019-09-15）https://nweb.luoluo.pro/pdf/LNS_ThinkingTool_cn.pdf.

| 思维技能 | 思维工具 | 内容 |
|---|---|---|
| 2.比较 | 韦恩图　　数据图<br>坐标轴图　　钻石图 | 对于复数对象，以某个观点来厘清共同点与差异点 |
| 3.分类 | Y/X/W图 | 对于复数对象，以某个观点来整合具有共同点之物件 |
| 4.关联（扩散） | 中心圆图 | 查找复数对象中具有何种关联性，再将与某对象有关联的事物添加上去 |
| 5.多面向视图，多角度视点 | Y/X/W图　蝴蝶图　钉形图<br>PMI图　　鱼骨图 | 着眼于对象所拥有的复数性质，或是将对象以各种不同角度来掌握 |
| 6.说明理由（找出原因与根据） | 水母图　　数据图 | 找出对象的理由、原因、根据等并予以推测 |

续 表

| 思维技能 | 思维工具 | 内容 |
|---|---|---|
| 7.预测（推测结果） | 鱼骨图　　　　KWL图<br>糖果图 | 提出推测，预料事物的结果 |
| 8.具体化（个别化、分类） | 金字塔图（分类） | 举出符合主体对象优先概念或规则之具体事例，并分别列出构成对象的次要概念或要素 |
| 9.抽象化（一般化、归纳） | 金字塔图（归纳） | 举出与对象有关的优先概念或规则，并将复数对象整合为一 |
| 10.建构论述 | 金字塔图（分类）　金字塔图（归纳） | 将思考以结构性（网状结构、层结构等）进行整理 |
| 11.归纳 | 情节图 | 将必要事物集约简化信息 |
| 12.洞悉变化 | 同心圆图 | 观点确定下来后记述其变化情形 |

　　思维可视化工具不仅是教师教的工具，更重要的是它还是学生主动学习的认知工具。让学生先了解、掌握常用思维可视化工具的用途，是学生自如地、恰当地应用不同种类的思维可视化工具来开展混合式深度学习的前提。

**2. 融合应用于多样化的学习活动**

（1）用于自主学习活动的个人知识梳理

自主学习活动是一种体现学习者主体性、能动性、独立性的学习活动。在自主学习活动中，学生自主收集整理分析资料、自主地去获取新知识、自主探究分析解决问题，能够促进学生对所学内容的深度理解。因而，自主学习活动是混合式深度学习常常用到的学习活动形式。借助思维可视化工具，学生可以将自主学习时的思考、想法、获取的信息以简练的图示方式呈现出来；可以把独立建构的知识间联系的过程、结果可视化呈现出来，从而达到引导学生进行深入思考、提高自主学习质量的目的。对教师而言，也可以从中了解学生自主学习思维活动的过程和结果，从而对学情有一个更准确的评判。

例如，谢老师对五年级语文的相关学习单元内容进行重组，以"遨游汉字王国"作为单元学习主题，以"汉字应该简化吗"作为主驱动性问题引导学生开展语文综合性探究学习活动。围绕问题共设置了四个学习任务，这四个学习任务都融合了思维可视化工具的应用，其中任务一、二采用了自主学习的活动方式（此案例引用广州市体育东路小学谢焕玲老师设计执教案例）。

学习任务一：追根溯源——了解汉字的历史。学生在课前阅读图书《汉字王国》，并利用教师提供的专题网站等网上学习资源自主进行在线学习，了解汉字的历史（起源、传说、神话等）。然后运用思维导图（见图5-1-2）将关于汉字有关历史的知识进行梳理。

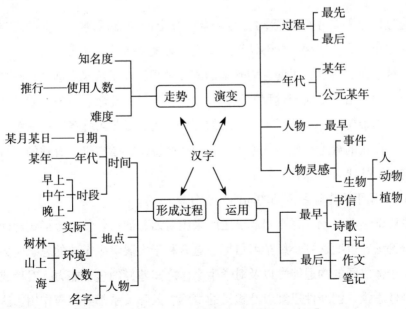

图5-1-2　学生制作的汉字思维导图

学习任务二：了解汉字的演变过程、各个时期的特点及演变规律。这一过程主要是让学生在自主阅读相关学习材料（包括网络资源）的基础上，任选两种字体，通过韦恩图（见图5-1-3）来区分汉字在各个演变时期的不同。

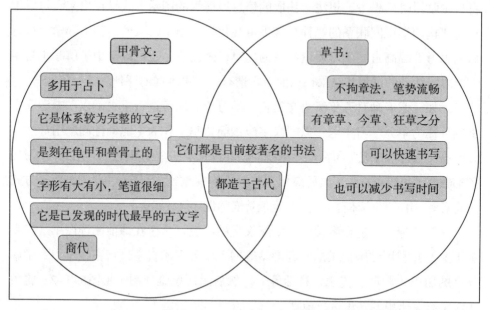

甲骨文：

多用于占卜

它是体系较为完整的文字

是刻在龟甲和兽骨上的

字形有大有小，笔道很细

它是已发现的时代最早的古文字

商代

草书：

不拘章法，笔势流畅

有章草、今草、狂草之分

可以快速书写

也可以减少书写时间

它们都是目前较著名的书法

都造于古代

图5-1-3 学生制作的比较甲骨文和草书两种字体的韦恩图

通过以上的自主学习活动，再结合课堂上的交流活动，学生对汉字的相关知识进行了重新建构，能够认识甲骨文、金文、小篆、隶书、楷书、草书和行书各种字体的特点，了解它们基本的演变过程。在了解汉字演变过程的基础上，分析归纳出汉字演变过程的规律。学生在分类、比较、分析、归纳的过程中提升了思维能力。学习任务一、二的完成，为完成学习任务三——关于汉字是否应该简化的辩论和学习任务四——为什么说汉字是神奇、有趣的，打下了良好的知识基础。

（2）用于协作学习活动的同伴观点分享

在协助学习活动中，小组成员之间采用对话、商讨、争论等形式对问题进行充分论证，以期达到小组学习目标。这有利于发展学生个体的思维能力、增强学生个体之间的沟通能力以及对学生个体之间差异的包容能力，对形成学生的批判性思维、创新性思维以及积极的情感、人际关系都有积极作用。这样的积极作用正是混合式深度学习所需要的。借助思维可视化工具，可以把组内成员经过对话、商讨、争论整合成的小组观点可视化呈现出来，并通过组间交流进行更大范围、全班的观点分享，达到同伴互助的效果。

在上述《遨游汉字王国》单元学习中，学习任务三——小组辩论"是否赞成汉字简化"就是一个需要小组协作学习完成的任务。在活动中，教师引导学生应用蝴蝶图（见图5-1-4）来呈现本组成员"赞成"或"反对"的理由，所有观点一目了然，学生们在辩论中加深了对汉字历史的了解，同时也从字源的角度更好地理解了汉字的表意作用。在辩论的过程中，有学生还能从文化传承的角度提出不应该完全废除繁体字。

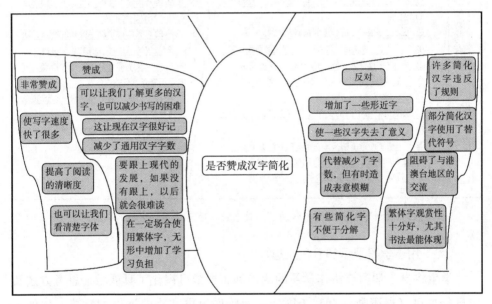

图5-1-4　学生分小组制作的"是否赞成汉字简化"蝴蝶图

有了前面的学习铺垫，再来完成学习任务四——为什么说汉字是神奇、有趣的，就水到渠成了。学生纷纷在小组发表看法，一幅幅记录学生观点的鱼骨图（见图5-1-5）很快就完成了。这些图课后被张贴在教室里展示交流。通过这样的活动，在潜移默化中培养了学生的文化自信。

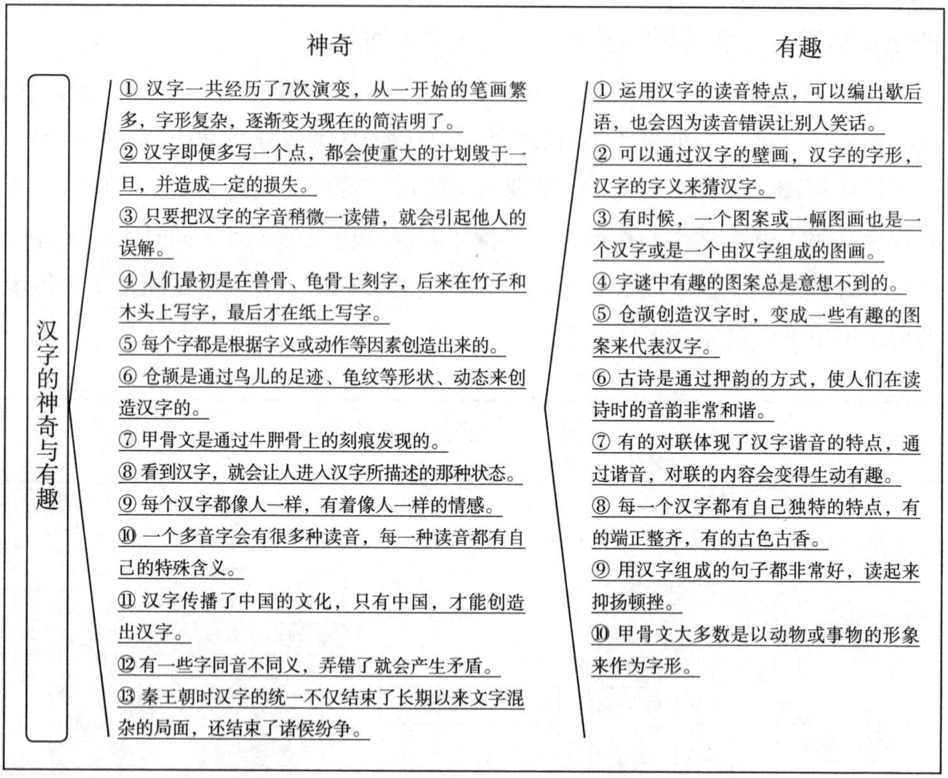

| 神奇 | 有趣 |
|------|------|
| ① 汉字一共经历了7次演变，从一开始的笔画繁多，字形复杂，逐渐变为现在的简洁明了。<br>② 汉字即便多写一个点，都会使重大的计划毁于一旦，并造成一定的损失。<br>③ 只要把汉字的字音稍微一读错，就会引起他人的误解。<br>④ 人们最初是在兽骨、龟骨上刻字，后来在竹子和木头上写字，最后才在纸上写字。<br>⑤ 每个字都是根据字义或动作等因素创造出来的。<br>⑥ 仓颉是通过鸟儿的足迹、龟纹等形状、动态来创造汉字的。<br>⑦ 甲骨文是通过牛胛骨上的刻痕发现的。<br>⑧ 看到汉字，就会让人进入汉字所描述的那种状态。<br>⑨ 每个汉字都像人一样，有着像人一样的情感。<br>⑩ 一个多音字会有很多种读音，每一种读音都有自己的特殊含义。<br>⑪ 汉字传播了中国的文化，只有中国，才能创造出汉字。<br>⑫ 有一些字同音不同义，弄错了就会产生矛盾。<br>⑬ 秦王朝时汉字的统一不仅结束了长期以来文字混杂的局面，还结束了诸侯纷争。 | ① 运用汉字的读音特点，可以编出歇后语，也会因为读音错误让别人笑话。<br>② 可以通过汉字的壁画，汉字的字形，汉字的字义来猜汉字。<br>③ 有时候，一个图案或一幅图画也是一个汉字或是一个由汉字组成的图画。<br>④ 字谜中有趣的图案总是意想不到的。<br>⑤ 仓颉创造汉字时，变成一些有趣的图案来代表汉字。<br>⑥ 古诗是通过押韵的方式，使人们在读诗时的音韵非常和谐。<br>⑦ 有的对联体现了汉字谐音的特点，通过谐音，对联的内容会变得生动有趣。<br>⑧ 每一个汉字都有自己独特的特点，有的端正整齐，有的古色古香。<br>⑨ 用汉字组成的句子都非常好，读起来抑扬顿挫。<br>⑩ 甲骨文大多数是以动物或事物的形象来作为字形。 |

（汉字的神奇与有趣）

图5-1-5　学生分小组制作的"为什么说汉字是神奇、有趣的"鱼骨图

（3）用于学习展示和自我反思

学生将自主学习或协作学习的成果利用思维可视化工具展示，思考方法及信息分享更直观清晰，有利于同伴、教师做出更准确的评价和反馈。从他人的反映或评价中，展示者得以修正、补充自身的认知和思考，促进深度学习的发生。

反思学习的主要功能是提高学习者自我认识、自我评价、自我对待及自我改造和发展的能力。[①]自我反思学习是一种内隐的学习形式，通过思维可视化工具（如PMI或KWL表格）把需要学生进行反思的项目或内容系统清晰地呈现出来，既有利于引导学生进行全面、深入的反思，也有利于教师了解学生的学

---

① 陈佑清.反思学习：涵义、功能与过程［J］.教育学术月刊，2010（5）.

习情况，开展更有针对性的教学。尤其对于年龄较小的学生，由于受到认知结构限制，一般还不能独立地对自己所解决的问题进行反思和总结，需要教师搭建平台、提供手段或工具以引导和帮助学生进行反思。

表5-1-5是一名五年级学生在学习数学主题"图形的密铺"之后用PMI表格记录的学习反思。

表5-1-5 "图形的密铺"PMI表

| P（Plus）学习收获 | M（Minus）不足之处 | I（Interesting）还感兴趣的内容 |
|---|---|---|
| 用导图分析问题 | 小组配合不太好 | 除了地板，生活中还有什么能密铺 |
| 这次学会，如果图形密铺，拼接点复数之和必须360° | 画得有点简单 | 1/4圆形能否密铺 |
| 学习收获了解了密铺的原理和历史 | 做得有点慢 | 了解马赛克 |
| 学会了同学之间合作完成一件事的配合 | 图制作得不太好，不太美观 | |
| 蜂窝是密铺图形 | | |

## 三、多维互动策略

从语言学的角度出发，互动的本意是指相互作用的意思，也称为交互（Interaction），既指抽象意义上的双边传播与反馈，也指具体意义上的相互作用；缪尔黑德（Muirhead）等认为，交互是在两个甚至更多的参与者与对象之间以反应、反馈和技术界面为中介而发生的同步或异步交谈、对话和事件。[1]教学过程是一个动态发展着的教与学统一的交互影响和交互活动过程，教学互动的设计对教学效果的影响是显而易见的。在混合式教学中，教学互动主体多

---

[1] 范荣，王燕，延星，等.学习者视角下混合学习中师生互动策略研究［J］.职业技术教育，2018（32）：43-45.

种、形式多样：从互动对象上看，既有师生、生生间的人际互动，也有教师、学生和机器、信息资源的人机互动；从互动空间上看，既有面对面实体空间线下互动，也有虚拟空间的线上互动。可以说，混合式教学的互动是以多维互动的形态存在的复杂的互动。表5-1-6概括了混合式教学的主要互动类型、特征及表现方式。

表5-1-6　混合式教学的主要互动类型、特征及表现方式

| 类型 | | 特征 | 常见表现方式 |
|---|---|---|---|
| 线上人际互动 | 师生互动 | 人—机—人交互，同步或异步交流，突破时空限制，教师是组织者、引导者 | 通过发帖与回帖、评论、点赞、视频或语音交流、推送或回答测评题目等方式，组织和参与讨论、质疑答疑等 |
| | 生生互动 | 人—机—人交互，同步或异步交流，突破时空限制，同伴互助 | 通过日志、发帖与回帖、评论、点赞、视频或语音交流等方式进行全体讨论或分组讨论、成果分享等 |
| 线下人际互动 | 师生互动 | 人—人交互，面对面交流，教师是组织者、引导者 | 组织和参与讨论、质疑答疑等 |
| | 生生互动 | 人—人交互，面对面交流，同伴互助 | 全体、组内、组间讨论，协同实验或制作，学习展示与分享等 |
| 人机互动 | 师机互动 | 人—机交互，教师筛选资源组织教学 | 搜索、浏览资源，发布资源及学习指引，组题测评，测评结果统计等 |
| | 生机互动 | 人—机交互，学生利用机器、信息化资源进行自主学习 | 搜索资源，阅读或观看资源、学习指引，进行智能测评，获取智能推送资源等 |

如何设计好混合式深度教学的多维互动？主要应注意做好以下三点。

**（一）互动设计整体化**

互动设计整体化的意思是把混合式深度教学的在线教学与线下面对面教学两部分互动作为一个整体来进行教学设计。由于中小学生用于上网学习的时间不宜过长，加上网络学习常常是师生、生生时空分离的状态，因此在线教学部分的互动往往可能较难做到非常深入，需要把深层次互动放在线下面对面教学环节来开展。这就要求我们在设计互动活动时要有整体观，做好线上线下互动设计的衔接、互补。

### （二）人际互动深层化

人际互动深层化是深度学习发生的基础。人际互动要做到深层化，首先，需要营造平等、民主、和谐的互动氛围。自由、安全是思维活跃的前提，良好的师生、生生关系才能让学生积极思考、通力合作、勇于表达。其次，教师可以通过驱动性问题及问题链的设计来把互动引向深层次理解性学习，鼓励学生提出问题、支持学生协同探究问题、支持学生就研究问题进行讨论后汇报等。再次，讲究"师生对话"的技巧。在教学实践中，我们经常会看到课堂上老师"满堂问"，学生"满堂答"，但对话仅停留在浅层的概念认知、内容复述上，学生深度学习没有发生。"师生对话"的技巧很多，需要灵活应用。比如，重视对话内容的聚焦，采用追问的方式，使学生对同一问题的思考逐渐深入；重视对话的生成性，根据学生的回答因势利导；重视对话对象的差异性，不能只是提问举手的学生、只问几个尖子生，要关注与后进生的对话互动，发现问题，及时解决。最后，要注意生生协作的方法。小组协作学习是生生协作最主要的方法。学生学习中的协作活动有利于发展学生个体的思维能力、增强学生个体之间的沟通能力及对学生个体之间差异的包容能力。一般来说，小组构建多采用组内异质、组间同质的方式，这有利于组内成员思维碰撞产生更多的智慧火花，也有利于组间学习力的平衡和学习交流。小组协作活动形式多样，竞争、辩论、合作、问题解决、伙伴、设计和角色扮演都是大家已经比较熟悉又行之有效的小组协作方式。

### （三）人机互动智能化

人工智能技术、网络技术的发展，使得人机互动智能化的特点越来越明显。积极而合理地利用智能化或半智能化的人机互动功能，可以给师生带来更好的交互体验，也可以帮助学生提高学习的效率、记录学习的轨迹、分析学习的结果，为开展深度学习提供时间、资源、数据等支持。比如，利用在线自适应学习系统，学生可以得到系统智能推送的个性化学习资源；利用可视化编程软件，可以让更多普通的低年级学生发展计算思维能力，开展"创客式"学习；利用互动式VR/AR资源，可以激发学生主动探究的热情。

以下案例可以让我们进一步了解多维互动策略的具体应用。

**【案例一】**

"热岛效应与广州市区气温变化的研究"（见表5-1-7）是一个校际协作学习项目。通过利用两所学校分别位于热岛效应明显的中心城区（天河区）和没有热岛效应的郊区（从化区）的区域差异，引导学生了解什么是热岛效应，通过实验、调查等方式探究形成热岛效应的成因有哪些，找出广州市区气温变化规律，并提出降低热岛效应与广州市区气温的预防措施和建议。学生在动手实践和观察的过程中，运用所学科学知识，解决实际生活问题，从而增强学生保护环境的意识，培养学生问题解决能力、沟通合作能力和探究精神。

在这个案例中，师生互动、生生互动、生机互动作用各有不同，但又相互呼应，优化整体效果。比如，线下生生互动使探究活动因协作交流而深化，线上生生互动使两校线下互动得到的探究数据、成果得以及时分享交流。

表5-1-7 "热岛效应与广州市区气温变化的研究"教学活动设计

| 项目环节 | 学习实践活动 | 设计意图 |
|---|---|---|
| 问题提出及制订研究计划 | 1.教师呈现问题情境，学生阅读教师提供的热岛效应知识学习材料（师生互动）<br>2.两校学生分组通过项目网站对热岛效应问题进行交流学习，开展头脑风暴活动，提炼出大家最感兴趣的共性问题作为研究问题（线上生生互动）<br>3.学生从报纸、杂志、互联网或其他途径了解热岛效应产生的原因，教师指导学生小组制订研究计划（线上生机互动、师生互动、生生互动） | 1.熟悉学习内容和学习伙伴<br>2.了解本项目的研究内容、方法与任务 |
| 进行不同环境条件下气温变化的实验 | 学生分组确定不同的实验条件、设计实验的内容进行实验探究，记录气温变化的实验观察数据（生生互动）。教师进行过程指导（师生互动） | 通过实验研究了解热岛效应对气温变化的影响。在探究过程中提高学生高级思维能力和协作能力 |
| 两地学生通过网络进行项目学习交流，共同写作 | 两校学生共同撰写探究观察过程、探究发现的实验报告和研究小论文（线上线下生生互动） | 分析热岛效应的成因、后果。通过分享、讨论、相互修改等方式提高学生的归纳总结能力和写作能力 |
| 制作项目报告并汇报交流 | 学生撰写项目报告并上传项目网站，分小组汇报交流（线上线下生生互动、师生互动） | 培养学生的合作交流能力 |

注：本案例设计思路来自郑松南、陈鄂、黎智锋、张清四位老师合作设计的校际协作项目。

【案例二】

"原电池的组成与原理"（见表5-1-8）是庚老师设计执教的高一化学实验探究课。本课利用智能平板和教学云平台进行翻转学习，实现了线上自主学习与线下合作探究以及在线个性化指导的混合式深度教学。课前，学生利用微课资源进行线上自主学习与检测（生机互动、师生互动），帮助学生掌握了探究学习前的基本知识与技能方法，帮助教师发现了学生的疑难点，从而有针对性地开展课堂探究；课中，学生分组实验深入探究重难点问题（生生互动），智能平板的课堂互动功能为探究过程提供了便捷的记录与分享互动工具（人机互动、生生互动），学生通过思考、展示分享与讨论实现了深度的学习和疑难解决。此外，教学云平台记录教学过程的关键数据功能（人机互动），为学生的学习过程评价提供了原始的记录，更为教学研究提供了重要的数据参考。

表5-1-8 "原电池的组成与原理"教学活动设计

| 教学环节 | 教师活动 | 学生活动 | 信息技术运用 | 设计意图 |
|---|---|---|---|---|
| 课前自主学习 | 上传微课学习资源，在线布置学习任务，查看学生完成情况，梳理学生提出的问题 | 观看微课了解铜锌原电池的构成条件以及化学能转化为电能的原理，完成自主学习任务单 | 利用平板在线学习微课，完成学习任务单，拓展学习空间并及时评价反馈 | 自学基本概念，检测自学效果，反馈学习疑问 |
| 问题导入 | 通过课件展示课前学生在线学习的成果与疑问，梳理知识框架，评价与激励学生 | 观看课件、聆听点评 | 利用投影演示课件 | 小结自学情况，引出课堂教学任务 |
| 实验探究 | 巡视课堂，指导学生分组探究 | 分组实验，深入探究：原电池对反应速率的影响，原电池闭合回路判断，电极材料对原电池反应的影响等重难点问题，在线提交实验现象 | 学生利用平板电脑拍照，在线提交实验现象，便于记录并进行小组间的交流讨论；教师能及时了解各组学生的实验完成情况，并给予评价和指导 | 对自主学习产生的问题进行实验探究 |

续 表

| 教学环节 | 教师活动 | 学生活动 | 信息技术运用 | 设计意图 |
|---|---|---|---|---|
| 问题解决 | 组织学生分组讨论，得出探究结论 | 小组讨论、结论分享：分析实验现象得出结论，解决原电池组成原理的有关疑问 | 学生利用平板在线查看不同小组的实验现象与互评，促进组内和组间的讨论与交流，启发思维，解决问题 | 分析实验结果，解决疑问 |
| 课堂小结 | 归纳总结原电池组成与原理知识框架 | 完善思维导图，提出新问题 | 投影展示学生通过平板提出的问题，解决个性化问题或引出新的学习内容 | 总结提升，建立认知模型 |
| 学习自评 | 布置推送学习评价表 | 完成学习评价表 | 学生通过平板自评，教师根据评价结果进行教学干预或个性化指导 | 学生自评，教师诊断教学效果 |

注：本案例设计思路来自广州市教育技术课题成果征集案例，设计者为广州市广雅中学庚志成老师。

## 四、全程评价策略

### （一）理解全程评价的目的和特点

评价是教育教学活动必不可少的组成部分，是检验学习目标是否达成的标准。混合式深度学习的学习目标包括行为目标、认知目标和情感价值观目标，聚焦核心素养的培养。这就决定了对其效果的评价既要有终结性评价，也要有过程性评价。也就是说，混合式深度教学的评价是一种贯穿学习过程始终的全程评价。全程评价通过持续地进行信息反馈，可以随时了解学习目标达成情况、监测与调控学习过程、指导学生改进学习的方式及教师的教学，从而使学习不断深入。在单元教学活动设计、单课时教学活动设计中，混合式深度教学更多地要关注学情诊断评价、学习实践评价、学习成果评价这些过程性评价。

混合式深度教学的全程评价方法不仅包括传统的线下评价方法，还包括在互联网技术、智能技术支持下的线上评价方法，是一种多元化的立体评价，表5-1-9概括了其评价特点。

表5-1-9　混合式深度教学的评价特点

| 评价目标 | 以核心素养培养为导向的多维目标：核心知识、认知策略、学习参与、问题解决能力、价值观等 |
|---|---|
| 评价对象 | 面向全体学生，关注每一个学生 |
| 评价信息 | 多元化、多模态化信息 |
| 评价方式 | 嵌入式、伴随式、隐性评价 |
| 评价结果反馈 | 即时反馈；既面向群体反馈，又面向个体反馈 |
| 评价主体 | 学生自己、同伴、教师等 |
| 评价工具 | 评价量规、思维可视化工具、活动档案袋、智能评测工具、纸笔测试等 |

### （二）把握评价设计的要点

#### 1. 在学习活动进行前提出评价的标准

在深度学习活动中，学生有较高的主动性和独立性，没有评价参与的学习过程，学生所面临的迷途或荒废的风险将会很高。设计良好的评价方案将在学生学习的整个过程中起到导航的作用，学生将明确地知道教师、同伴或其他评价者如何评价他们所完成的学习任务，从而帮助他们自己调节努力的方向，并最终达成预想的学习目标。

#### 2. 使用多种评价工具实施较全面的、分层次的评价

混合式深度学习评价关注每一个学生的全面发展，不仅关注学生知识与技能的掌握情况，更关注学生学习的过程与方法以及相应的情感态度和价值观方面的发展。因此，要注意评价内容的全面性，不仅要对学科学习目标进行评价，还要对一般性发展目标的评价给予积极的关注。此外，在实施评价时，要注意评价的层次。教师应该在学生完成任务或解决问题的过程中设置好评估的锚点。根据评估重点的不同选用不同的评价工具和方法。除了采用传统的测试练习、作业方式外，还可以采用以下的表现性评价工具。

（1）活动记录或活动档案袋

在评价的过程中可采用操作观察、逸事记录等方式来收集过程性信息，形成活动记录或活动档案袋。教师可有意识地引导和培养学生形成自己记录学习过程、活动过程的习惯，并学会充分利用记录进行自我反思，调整自己学习、活动过程。在网络化教育系统中，档案袋的建立和维持可以自动进行，成为电子文件夹，其中不但记录学生的学习踪迹，还可以收集学生的电子作品。

（2）量规

量规是一种结构化的定量评价标准。它往往是从与评价目标相关的多个方面详细规定评级指标，具有操作性好、准确性高的特点。因此，我们可以采用量规对学生在学习过程中的表现及学习成果或作品进行评价。评价量规的设计可以采用以教师为主，学生参与的形式来制定评价标准。这样，一方面可激发学生的学习积极性；另一方面可使学生在学习的过程中，能够有意识地根据评价的内容来反思自己的学习，促进学习的进步。

（3）概念图（可视化思维工具）

概念图是一种用节点代表概念、连线表示概念间关系的图示法，属于可视化思维工具。美国康奈尔大学的约瑟夫·D.诺瓦克（Joseph D.Novak）博士根据奥苏贝尔的学习理论在20世纪60年代着手研究概念图技术，并使之成为一种教学的工具。事实上，概念图的用途极其广泛，它还是一种非常不错的评价工具。

作为评价工具，它可以方便地表征课、单元或知识领域的组织结构。学生可沿着空间或时间的维度创建概念图，以此识别、澄清和标识概念间的相互关系。在实际应用中，教师可以和学生在进行头脑风暴的基础上共同"织"就一个概念图，也可以让学生凭借回忆就某一主题自己"织"就概念图。这种网状图表有助于学生以具体和有意义的方式表征概念，促进思维外化和学习反思。教师也可以将学生所绘制的概念图与理想的概念图进行比较，从中不但能发现学生理解上的问题所在，还可以发现学生的学习风格和思维习惯。

**3. 尽量提供给学生自评和互评的机会**

要发展评价的能力，学生需要有机会制定和使用评价的标准，有机会自我评价、评价同伴、评价教师等，这种多主体评价的方式，一方面有助于学生加深对自我的了解，以便调整学习策略，改进学习方法；另一方面有助于学生在学习过程中互相监督，从而增强学习的自觉性。

**（三）利用信息技术支持全程评价**

信息化评价工具及网络学习平台可支持混合式深度学习的学习评价，而且这种支持技术日趋自动化、智能化，可全景式记录在线教学过程的全部数据。在线学习测评技术的发展为学习评价提供了更加便捷、灵活的手段与方式，利用在线数据可以使评价精准及时，促使学习变得更加开放和多元。

### 1. 在线测试

在线自动测试系统可以提供多种题型，单选题、多选题、填空题、主观题、投票等多元化的测试类型，由系统进行实时反馈。实时反馈功能主要通过智能导师模块来实现，这对于事实性、概念性和程序性知识的测评比较有效。在线自动测试功能可用于课前诊断性测试、课中形成性测试、课后作业以及考试。

例如，"单细胞生物"是初中《生物学》"细胞怎样构成生物体"单元的最后一节教学内容，教师通过在线测试系统检查学生课前预习情况，有的放矢地调整教学策略。如图5-1-6、图5-1-7所示（本案例图选自黄琳老师的教学案例"单细胞生物"）。

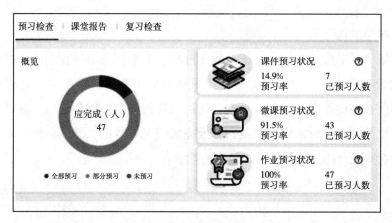

图5-1-6　学生课前预习情况统计

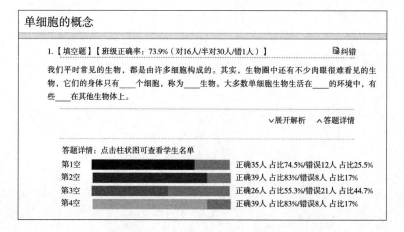

图5-1-7　学生课前诊断性测试结果

**2. 在线讨论**

使用网络学习平台提供的讨论区、弹幕、抽答、随机点名、评论功能等都能实现在线讨论。在线讨论使学生人人都可以同时参与讨论，能够快速了解其他人的想法和见解。从讨论情况可以看出，学生全体和个体的参与度和思维活跃性，教师能够据此快速总结归纳学生反映的问题，以便进一步调整教学策略或进行个别指导。

例如，在初中音乐欣赏课学习小提琴独奏曲《苗岭的早晨》时，可以让学生在课后唱一唱苗族飞歌的旋律或歌词，并且以发帖形式将演唱音频上传到网络学习人人通空间主题讨论区，同伴间进行互评，分析演唱优点和存在的问题。

**3. 学习过程记录**

网络学习平台通常能自动记录教学过程，采集教与学过程中产生的数据，这有利于对学生网上学习行为进行记录和分析，为评价学生学习过程提供依据。目前有多种智慧课堂学习平台，均可以收集资源应用和分享、互动类型及次数、智慧课堂实时应用、作业布置及完成情况等数据，并进行统计和可视化呈现，有些平台还具有师生行为分析的功能。

# 第二节 混合式深度教学的常见模式

教学模式是在一定教学思想或教学理论指导下建立起来的较为稳定的教学活动结构框架和活动程序。混合式深度教学模式，就是在混合式教学、深度学习理论基础上建立起来的教学模式。由于学科、学段、学习环境、学情等差异，混合深度教学模式是多种多样的，并没有一种通用的教学模式。但是，在混合式深度教学实践中，确实又产生了一些行之有效、可操作性强且适用范围较广的教学模式。结合笔者所在区域的实践，介绍四种常见的混合式深度教学模式。

## 一、混合式主题探究模式

### 1. 基本含义及操作模型

混合式主题探究模式是指在网络学习空间（平台）支持下，通过开展由学生主导的虚实结合的探究活动来培养学生问题解决能力的学习模式，其操作模型如图5-2-1所示。

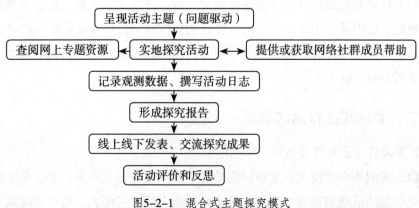

图5-2-1 混合式主题探究模式

**2. 主要环节**

（1）选题：学生围绕自己感兴趣的学习主题，自定步调和自选路径开展探究活动。

（2）探究活动实施：在学习过程中，一方面可以利用网络专题资源进行网络探究，另一方面通过观察、调查、实验等进行实地探究；在学习方式上，既可以利用各种资源独立探索，也可以通过网络学习空间群组（社区）与同伴共同探索，获得同伴和辅导教师的帮助。

（3）探究活动记录：学生记录在探究活动中观测到的现象和收集到的数据（或撰写网络活动日志）。

（4）形成探究报告：整理分析资料，形成调查报告、实验报告等多种形式的探究学习报告。

（5）发表、交流探究结果：把探究报告发表在学习空间进行交流分享，或在线下交流。

（6）活动评价和反思：教师（或组织者）组织学生对活动进行评价和反思。

如在广州市青少年网络夏令营活动中，组织者把活动主题和活动规则发布在区域网络学习空间供学生选择参加。学生进入个人学习空间，根据兴趣选择其中一项探究活动参加，并且加入同一探究主题的学习社区（群组），和同伴、辅导教师组成学习共同体。然后，学生按照活动规则开展探究活动，完成探究任务，在空间发表探究成果，再由组织者组织对活动的过程和成果进行评价。在这种主题探究活动中，活动主题和活动规则的设计很重要，对探究活动起引导作用。活动主题通常以学生喜闻乐见为宜，如对某种喜欢的动植物的探究、对某种常见自然现象或社会现象的探究等，使学生有兴趣、有能力参与。活动规则要能引导学生开展真实的、实地的探究活动，如要求提供一些过程性的资料、数据、照片等，避免只是局限在网络上找找资料，以达到培养学生问题解决能力的初衷。

## 二、混合式创作活动模式

**1. 基本含义及操作模型**

混合式创作活动模式是指在网络学习空间（平台）支持下，通过学生创作个性化作品的活动来培养学生创造性思维和能力的学习模式。与"主题探究"

学习成果着重于"发现规律"不同，"创作活动"的学习成果着重于"创作作品"，其操作模型如图5-2-2所示。

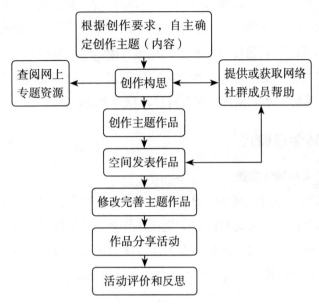

图5-2-2　混合式创作活动模式

**2. 主要环节**

（1）选题：根据问题情境和创作要求，自主确定创作题目。

（2）创作构思：学生在进行创作构思过程中，可以独立查阅各种资源（包括网络学习空间分享的专题资源）来积累素材、获得启发，也可以通过与同伴、辅导教师进行线上线下交流获得帮助。

（3）创作主题作品：学生独立创作作品。

（4）发表作品：学生在网络学习空间发表自己创作的作品，同伴、辅导教师查阅作品并在网络社区对作品进行点评和提出修改意见。

（5）修改完善主题作品：学生根据建议，修改作品使其更完善。

（6）作品分享：学生把修改后的作品再次分享到网络学习空间（或者线下课堂上共享），同伴和辅导教师进行点评。

（7）活动评价和反思：教师组织学生对活动进行评价和反思。

如广州市天河区天府路小学白杨老师在小学作文教学中，利用了网络学习空间来指导学生进行作文创作与修改。她先在班级群组里发布习作要求——自主选择成长道路上的一件事进行写作。同时，针对小学生的搜索能力还不强的特点，搭建脚手架，给出一些相关习作的范例资源供学生自主阅读参考。学生在整个创作过程中，都可以随时与同伴、教师进行互动交流，还可以把自己收集到的资源也共享到范例资源中。学生线下创作完成后把自己的作品发表在个人空间，利用评论功能进行生生互评、教师点拨，学生阅读跟帖、修改后再次把作品在空间共享。通过这样个性化的选题创作、表达和交流，把习作修改权还给了学生，激发了学生创作和修改自己习作的主动性。

## 三、翻转课堂模式

### 1. 基本含义及操作模型

翻转课堂模式是指在网络学习空间（平台）支持下，以学生学习差异为基础，以促进学生深度理解为目标，学生在课外利用教学微视频等学习资源、网络学习工具进行自主学习，师生在课内通过面对面交流及协作完成知识内化、迁移应用的一种学习模式。其操作模型如图5-2-3所示。

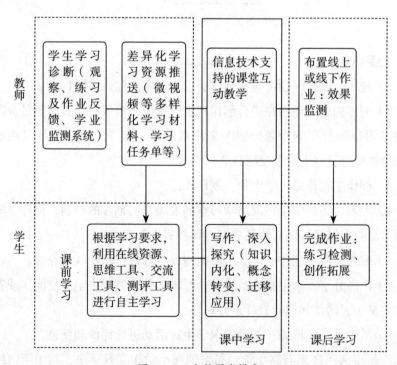

图5-2-3　翻转课堂模式

**2. 课前学习环节**

教师对整合在网络学习空间的学生学习数据（作业、学习交互、学习反思、学业质量监测系统数据等）和课堂学习表现进行综合分析，对学生进行群体和个体的学前学习基础诊断，然后根据学习目标、学习内容和学习诊断，通过网络学习空间向学生推送多样化的学习资源（不局限于微视频）供学生选择学习，同时给出相应的学习引导（如学习任务单）。学生根据学习要求，利用网络学习空间中的资源、思维工具、交流工具等自主选择不同的路径进行自主、个性化学习。教师根据学生课前学习反馈调整教学重难点，更有针对性地去设计课堂学习活动。

**3. 课中学习环节**

教师通过组织分层学习、一对一数字化学习等活动尽可能满足不同层次、不同个性学生的需要，并通过协作学习将学生的学习差异转化为学习互助的资源，使学生在独立探究、协作交流、深入研究的学习过程中实现概念转变和完成知识内化、迁移应用。在该环节，教师可因应信息技术学习环境不同（多媒体教学平台环境或一对一学习终端环境）、学习内容不同而组织形式多样的学习活动。

**4. 课中/课后学习环节**

教师根据课堂上学生知识建构情况，利用网络学习空间布置弹性、少量个性化作业，让学生自主巩固本节课的学习效果或进行适当的学习拓展，学生对学习进行自我评价和反思。如果课堂时间和环境允许，则该环节的作业和反思也可以放在课中环节完成。

这种模式适用范围较广，尤其适合以陈述性知识为主的学习内容的学习。比如，广州市越秀区云山小学吴慧燕老师上的小学数学"巧算周长"一课，据此模式设计了面向学生差异学生的学习活动。

（1）课前自学新知：学生在学习空间自定步调学习老师推送的例题微课，掌握巧算周长的基本方法，并完成例题对应题型的练习。

（2）课中应用新知：学生利用网络学习空间集成的个性化作业系统进行分层练习。由于习题选择自由度较高，因而能有效激发学生的兴趣，各个层次的学生都能获得成就感，教师也能通过系统数据统计功能快速了解各个学生学习情况并及时给予辅导。

（3）课后拓展新知：让学生用各种途径为大家提供一道巧算周长的题目，可以自己设计一道题目，也可以借助网络搜索一道题目，并发布到学习空间的群组上共享。这样既能提高学生的观察、分析能力，实现知识的迁移应用，又能让学生在彼此的回复中拓宽和拓深自身的知识。

## 四、混合式协同教学模式

### 1. 基本含义及操作模型

混合式协同教学是指以网络环境为主要支撑，异地两个或者两个以上的教师一起参与教学或共同教学，完成教学目标。通过实施混合式协同教学，既可实现优质教师资源配置共享，又可使学生扩大交流的范围。该模式的框架图如图5-2-4所示。

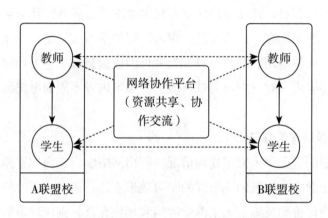

图5-2-4　混合式协同教学模式框架图

一方面，联盟校教师分别对本校的学生进行面对面教学；另一方面，借助网络协作平台，两联盟校教师之间进行教学协作，A联盟校教师对B联盟校学生实施教学，B联盟校教师也可对A联盟校学生实施教学，两校学生之间可以进行学习交流。

### 2. 混合式协同教学的应用方式

根据师生利用网络进行交互的即时性，网络协作教学模式在实践中主要可分为异地同步网络协作和异地异步网络协作指导两类应用方式。

（1）异地同步网络协作教学（双师课堂）

异地同步网络协作教学活动主要通过互联网，利用视频会议系统、双向流媒体视频摄录系统等专业直播平台，将联盟校的教学课堂联结起来，实现两地师生的图像、声音、文本的交互，这种形式现在也被称为双师课堂。两地教师共同进行教学设计，共同负责课堂教学的组织和实施。具体讲授某一教学内容时，由更擅长讲授该教学内容的教师担任主讲，另一不承担呈现内容任务的教师则在本校课堂上承担辅助教学的职责，负责组织学生交流讨论、深入探究和学习指导等。比如，拥有多个校区的广东省实验中学探索了在数学、英语等学科应用这种双师课堂的方式，实现不同校区优秀的师资和教学资源的互补与共享。在"阅读题目：学校里的手机（*Topic Reading: Cell Phones In School*）"双师课堂教学中，两个校区水平相近、对手机话题熟悉的两个班的学生，以实时的互联互通分享不同的观点互相学习（Should students use cell phones in school?），授课教师之间的主题阐述、异地师生之间的问答、异地学生之间的远程讨论和学习成果展示，加强了学生间的思维碰撞，促进了深度学习。

（2）异地异步网络协作指导

异地异步网络协作指导活动主要通过非同步互联网技术实现。联盟校教师把相关课程资源和学习材料上传到网络协作平台，并利用平台的讨论区等进行异地非实时指导。联盟校教师共同确定教学内容，设计教学过程，在同一时间内对学习团体展开互动，从不同的视角讨论同一问题，在不同的阶段根据协作平台的活动记录和交互的情况、学生学习主动性等各方面综合评价学生的学习过程，并及时反馈给学生。这种活动方式的优势是异地师生可以根据实际情况决定各自具体的学习时间、地点和进度，只要在约定的一段时间内完成学习任务即可。

广州市中小学参与的联合国儿基会的戴尔"互联创未来"项目（市内城乡学校结盟）采用的就是异地异步网络协作指导活动方式。"互联创未来"项目是一项基于网络协作的项目学习活动，其实施的基本过程是：结盟教师参与培训，协商交流，理解项目概念；结盟教师确定主题，编制项目计划书；两地学生开展探究活动，收集资料与数据；教师提供支持，学生共同创作学习作品，并在分析数据的基础上形成结论。在此过程中，主要利用网络协作平台来进行学习资源的共享、两地师生的交流、协作学习过程的记录、作品的展示等。通过开展基于网络的校际项目学习，发展了学生的核心素养。

### 3. 网络协同教学模式的运用策略

（1）选择合适的网络协同教学的内容和方法

就基础教育而言，并非所有的教学内容都适合或有必要采用网络协同教学。当通过教师协作，可以优化城乡教师资源，从而能更好地促进两地学生发展、提高学习效果时才有必要采用。因此，教师要对网络协同教学的必要性与时机有深刻的了解，合理选择网络交互的方式和资源共享的方法，避免为协同而协同的情形发生，失去网络协同教学的本意。

（2）结盟教师的沟通与协作要贯穿整个过程

协同教学由于涉及两个或更多的教师之间的协调，受更多因素的影响，因此工作可能更复杂。它不仅要求结盟教师共同对学习者的特征进行分析、共同进行教学设计、共同实施教学方案，而且要求结盟教师协商确定各成员的角色和职责。结盟教师成员之间要有充分的沟通时间和渠道，利用各种通信工具和网络平台以及定期会晤等，来保持密切联系，进而建立一种相互信任、相互支持、相互合作、共同学习的共同体关系。唯有如此，协同教学才可能取得良好的成效，学生和教师才可能从中获益。

近年来广州市中小学在探索混合式深度教学实践中，无论是依托在线信息化环境、数字化资源和工具，还是采用的教学模式、教学策略，都是多种多样、不拘一格的。本章选取了六个较有代表性的教学案例，详细介绍了各案例的设计思路及实施过程。从内容设计看，既有单学科课时教学设计，也有单学科单元教学设计，还有跨学科的教学设计。从信息技术的应用方式上看，有基于课内课外一体化学习的翻转课堂形式，有智慧课堂形式，也有基于区域性个人网络学习空间应用形式，还有项目化学习形式。

# 第六章 混合式深度教学案例

# 第一节　翻转课堂教学案例

广州市番禺区沙湾镇德贤小学　郭凤喜

## 【案例概述】

表6-1-1　"圆的认识"案例概述

| 课名 | 圆的认识 | 授课班级 | 六年级 |
|---|---|---|---|
| 课的类型 | 新授课 | 授课学时 | 1课时 |
| 使用教材 | 人教版六年级数学上册第五单元 | | |
| 教学内容分析 | "圆的认识"是《义务教育课程标准实验教科书·数学》（人教版）六年级上册第五单元的教学内容。它是在低年级初步认识圆的基础上进行教学的，同时在学生认识了长方形、正方形、三角形等多种平面图形的基础上展开，也是小学阶段认识的最后一种常见的平面图形。教材的编排思路是先借助实物揭示出圆，让学生感受到圆与现实的密切联系，再引导学生借助实物、圆规等多种方式画圆，初步感受圆的特征，并掌握用圆规画圆的方法，在此基础上，再引导学生通过折一折、画一画、量一量等活动，帮助学生认识直径、半径、圆心等概念，同时掌握圆的基本特征 | | |
| 学习者分析 | 学习的内容是各种画圆的方法和认识圆的各部分名称，此前学生虽然已经初步认识了圆，但对于建立正确的圆的概念以及掌握圆的特征还是比较困难的。六年级学生有着丰富的生活体验和知识积累，但空间观念仍需要加强，动手操作能力需要有效训练，学生学习水平相当，小组合作意识较好。以前学习的长方形、正方形等是直线平面图形，而圆则是曲线平面图形，估计学生在动手操作、合作探究的主题学习中会存在一些困难。通过对圆的认识，不仅能加深对周围事物的了解，提高解决实际问题的能力，也为今后学习圆的周长、面积以及圆柱、圆锥等知识打好基础 | | |
| 学习目标 | 1.认识圆，知道圆的各部分名称，掌握圆的特征<br>2.学会用圆规画圆、理解掌握同圆或等圆中半径和直径的关系<br>3.经历操作观察思考等活动，培养动手操作、主动探究、自主发现、交流合作的能力<br>4.通过体验圆与日常生活的密切联系，感悟数学知识的无穷魅力 | | |

续 表

| 课名 | 圆的认识 | 授课班级 | 六年级 |
|---|---|---|---|
| 课的类型 | 新授课 | 授课学时 | 1课时 |
| 使用教材 | 人教版六年级数学上册第五单元 | | |
| 教学策略 | 1.问题导向学习，有效解决重难点<br>在课堂上把时间还给学生，让问题成为中心，提升学生的问题解决能力。从识半径、直径到画指定的圆再到找半径与圆心的作用，知识环节步步相扣，充分留给学生动手与思考的空间。通过画、折、量或新技术动态教具操作等活动，让学生弄清直径与半径的关系，掌握圆形的基本知识。学生自主学习亲身经历知识的形成过程，生生、生本互动体现了学生学习的主体性<br>2."研学后教"教学策略<br>在有效教学理念的指导下，本节课关注引起、维持和促进学生学习的所有行为和策略。"研学"主要是指教师在深入研究学情、学法的基础上制定研学案，学生在研学案的指引下，进行自主、合作、探究学习。"后教"主要是通过交流展示学习成果，生生互教，针对问题进行恰切的点拨、拓展和延伸，有效地达成教学目标（线上线下活动融合设计策略、促进深度学习"高阶认知"策略等） | | |
| 信息化环境（平台、工具、资源等） | 本节课使用的信息技术手段有云平台、电子白板、电子书包、多媒体课件、网络研学案和微课拓展等资源，结合信息化的环境有效地进行教学。针对课前导入和课后延伸编辑学习资源，直接把微课上传到电子书包平台上发布推送给学生，让学生可以在课前通过观看微课视频，了解一些学习内容，进行初步预习。课后也可以根据自己对知识的掌握情况进行查漏补缺，哪个内容没弄懂，就翻看视频。改变学生的学习方式，从而建立新型的学习方式<br>有效地利用网络学案、拓展资源、动画教具、测试反馈等电子书包功能辅助教学，发挥电子书包的移动性、交互性、评价手段等特性，发挥新技术的辅助作用，在互动讨论区进行授导互动，协作学习，如使用两个动态教具，使学习更直观生动<br>利用电子书包平台的统计反馈功能，高效地辅助教学。在教学过程中，教师推送习题，利用平台及时统计正答率，关注学生学习的差异性，为学生提供个性化的学习体验，提高学生学习兴趣与课堂参与度，突出学生的主体作用，实现教与学方式的转变。在教学过程中，根据实时检测与反馈，及时调整教学策略，有效解决教学重难点 | | |
| 教学设计整体思路及特色 | 它是在低年级初步认识圆的基础上进行教学的。此前虽然已经初步认识了圆，但对于建立正确的圆的概念以及掌握圆的特征还是比较困难的。由认识平面的直线图形到认识平面的曲线图形，是认识发展的又一次飞跃。因此，在本节课中先让学生课前自主观看微课，并尝试自己去画一个圆，同时把画圆的方法拍照上传到电子书包平台上。通过小组合作，利用他们原有的生活知识经验和多种工具画出圆，极大地调动了学生的积极性、主动性和创造性， | | |

续 表

| 课名 | 圆的认识 | 授课班级 | | 六年级 |
|---|---|---|---|---|
| 课的类型 | 新授课 | 授课学时 | | 1课时 |
| 使用教材 | 人教版六年级数学上册第五单元 | | | |
| 教学设计整体思路及特色 | 使学生最大限度地参与到探究新知识的活动中，也激发了学生对数学学习的兴趣<br><br>为了教学的顺利开展，课初借助多媒体课件创设问题情境，构建良好的学习氛围，然后引导学生自己动手、自主探究和小组合作学习，让学生在画一画、折一折和说一说的过程中亲身经历与体验学习的过程。利用画一画、折一折、量一量等一系列活动，通过动手操作，观察比较，主动探索，从而明确直径和半径的关系，提升了学生的探究能力和归纳能力，同时也经历了知识形成的过程，体验了成功的喜悦。通过学生的自主探索、合作交流、共同分享，引领学生经历了一次"研究与发现"的完整过程。同时借助新技术动态教具操作等活动，让学生弄清直径与半径的关系，掌握圆形的基本知识。学生自主学习亲身经历知识的形成过程，生生、生本互动体现了学生学习的主体性<br><br>在组织形式上，突出了小组学习和多种组织形式的有机结合，创造了一种和谐的学习气氛。在教学方法上是探索法、自学法、讲解法的多种结合，表现了老师驾驭课堂的灵活性和艺术性。在师生关系上有大的突破，老师由站在讲台上权威式的发问、讲解转变为师生共同研究问题，互相取长补短，建立起一种既是师生又是朋友的新型师生关系 | | | |

【教学流程】

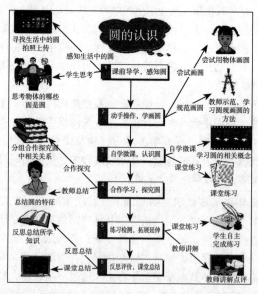

图6-1-1 "圆的认识"教学流程图

【教学过程】

表6-1-2 "圆的认识"教学过程

| 教学环节 | 教师活动 | 学生活动 | 信息技术运用 | 设计意图 |
|---|---|---|---|---|
| 一、课前导学，感知圆 | 展示电子书包中的生活中的圆的图片 | 寻找生活中的圆，拍照上传至互动讨论区，思考物体的哪个面是圆形 | 学生利用平板电脑拍照，图片上传至电子书包互动讨论区并说说物体的哪个面是圆 | 由学生生活中观察到的圆入手，引发学生兴趣，让学生感受到数学知识来源于生活，为学习创设情境，落实前置性任务驱动 |
| 二、动手操作，学画圆 | 1.引导学生思考用生活中的物体画圆的局限性<br>2.展示学生圆规画圆视频，提问：在用圆规画圆时需要注意什么问题<br>3.总结规范画圆的要点：①定住针尖；②两脚的距离不变。在黑板上利用教具示范规范画圆的过程 | 1.尝试用生活中的各种物体来画圆，并展示汇报画圆的方法<br>2.观看圆规画圆视频，思考规范画圆的方法<br>3.尝试用圆规规范画圆 | 1.利用电子书包的飞屏功能抓取学生画圆过程<br>2.多媒体飞控展示学生画圆的方法，思考要注意的地方<br>3.在云平台的互动反馈系统中进行学习反馈 | 1.让学生自己尝试用各种方法画圆，通过对比突出圆规画圆的优越性<br>2.为后面使用圆规画圆以及认识圆的各部分名称打下基础<br>3.总结和规范画圆的方法 |
| 三、自学微课，认识圆 | 1.在黑板上的圆上标注圆心、半径、直径，板书半径、直径的概念<br>2.引导学生思考圆心和半径的作用。板书：半径决定圆的大小，圆心决定圆的位置<br>3.互动性练习，检测学生对半径、直径概念的掌握情况 | 1.观看微课，自学圆的各部分名称<br>2.一、二组画一个比原来大的圆<br>3.三、四组画一个比原来小的圆。在圆上标注圆心（$O$）、半径（$r$）和直径（$d$）<br>4.根据学生练习情况集中讲评 | 1.利用电子书包观看微课：出示学习要求，自学圆的各部分名称<br>2.学生在画纸上根据要求画圆，感悟其特征<br>3.完成练习：判断图中哪些是直径，哪些是半径 | 1.从认识半径、直径到画指定的圆再到找半径与圆心的作用<br>2.知识环节步步相扣，充分留给学生动手与思考的空间<br>3.利用电子书包的动漫练习进行检测，学生在互动游戏中达到知识的深化 |

| 教学环节 | 教师活动 | 学生活动 | 信息技术运用 | 设计意图 |
|---|---|---|---|---|
| 四、合作学习，探究圆 | 1.出示研学任务：探究半径与直径的关系<br>2.总结圆的特征：①圆是轴对称图形。②圆的半径和直径都有无数条。③同一圆内，所有半径都相等，所有直径都相等，直径长度是半径的2倍 | 1.完成研学任务：利用课前剪好的圆纸片，动手折一折、画一画、量一量，或者用动态教具来进行研究<br>2.交流汇报，分享收获 | 1.借助电子书包的动态教具来进行半径与直径的关系研究<br>2.学生畅享收获 | 1.通过画、折、量或新技术动态教具操作等活动，让学生弄清直径与半径的关系，掌握圆的基本知识<br>2.学生自主学习亲身经历知识的形成过程，生生、生本互动体现了学生学习的主体性 |
| 五、练习检测，拓展延伸 | 利用电子书包平台的统计反馈功能，高效地辅助教学。在教学过程中，教师推送习题，利用平台及时统计正答率，关注学生学习的差异性，为学生提供个性化的学习体验，提高学生学习兴趣与课堂参与度，突出学生的主体作用，根据实时检测与反馈，及时调整教学策略，有效解决教学重难点 | 完成课堂练习：<br>1.（1）口答题：书本P.60<br>（2）看图填空<br>2.判断题（电子书包平台测试反馈中完成）<br>（1）在同一个圆内只可以画100条直径<br>（2）画圆时圆规两脚间的距离是圆的半径<br>（3）两端都在圆上的线段叫作直径<br>（4）直径3厘米的圆比半径2厘米的圆大一些 | 学生在电子书包的检测平台上进行在线答题，并及时提交统计答题情况 | 利用电子书包平台及时统计正答率，关注学生学习的差异性，根据电子书包及时反馈，给予针对性的点评 |
| 六、反思评价，课堂总结 | 引导学生对本节课的学习进行自我总结和反思：本节课主要学习的知识有哪些 | 学生完成自评表，思考收获，反思总结有哪些收获与体会 | 学生在电子书包互动讨论区进行自我评价，分享收获和体会 | 及时进行总结和评价，激发学生后续学习的积极性 |

**【教学反思】**

**1. 数学课堂探究过程中体现以学生为中心的理念**

根据学习的经验，六年级学生都有了画圆的经验，就借助学生已有的经验，让学生尝试着画圆，让学生在自主探索中建构圆的画法。通过课前的前置性任务"选择你喜欢的工具或材料，在纸片上画一个圆。把画圆的过程拍照上传到电子书包平台，并说说你是用什么方法画圆的"，初步感知学生已有的画圆的基础，让学生自己尝试着用各种方法画圆，通过对比突出圆规画圆的优越性，为后面使用圆规画圆及认识圆的各部分名称打下基础。在学生介绍画圆的经验时，让学生自己画，在画的过程中，发现画圆会出现哪些问题。教师利用动态生成的资源教学，借助学生的实践操作，很自然地解决了"画圆时，圆心决定圆的位置，圆规两脚张开的大小是圆的半径，圆的半径决定圆的大小"的问题，学生在民主的氛围中学会了圆的画法。

利用画一画、折一折、量一量等一系列活动，通过动手操作，观察比较，主动探索，从而明确直径与半径的关系，提升了学生的探究能力和归纳能力，同时也经历了知识形成的过程，体验了成功的喜悦。通过学生的自主探索、合作交流、共同分享，引领学生经历了一次"研究与发现"的完整过程。同时借助新技术动态教具操作等活动，让学生弄清直径与半径的关系，掌握圆的基本知识。学生自主学习亲身经历知识的形成过程，生生、生本互动体现了学生学习的主体性。

**2. 使用信息技术和优质教学资源创新教学模式**

翻转课堂理念下的翻转式"四环互动教学"的实施，强调学生对数学知识的自主探究，更注重学生知识探究的过程。倡导学生利用已有知识经验，借助电子书包学习平台，尝试自主获取数学知识，在数学学习中解决包含的问题，从而挖掘自己的内在潜力。

（1）发挥学生的主导作用，学习任务单实施翻转课堂，创新教学模式

课前学生按照学习任务单的要求学习微课和相关资源激发学习兴趣，课堂上教师引导学生讨论交流重难点知识，创设多种情境促进知识迁移，深化知识理解，课后学生进一步完善知识，把圆的知识延伸到课外。

（2）充分发挥课前前置性学习的功能性

新技术手段的使用突破了以往罗列知识点的缺点，通过"互动讨论区"，

发表自己观看的收获和疑惑，与小组成员或其他小组进行学习交流。引导学生构建自己的初步认识，利用问题导向研学任务单引导学生进行虚拟化网络环境的相互交流，体现翻转课堂前置性学习的想法。

### 3. 后续思考与启示

继续探讨合理有效时间的安排，本节课的容量较大，教师预设学生的能力也有一定的要求，这需要教师在备课时要有充分的预设。教学中需要我们以学生为知识的主动探索者，把"学"的空间还给学生，把"想"的时间交给学生，把"做"的过程留给学生，把"说"的机会让给学生。

# 第二节　智慧课堂教学案例一

广州市江南外国语学校　黄　琳

## 【案例概述】

表6-2-1　"单细胞生物"案例概述

| 课名 | 单细胞生物 | 授课班级 | 初一（3）班 |
|---|---|---|---|
| 课的类型 | 新授课 | 授课学时 | 1课时 |
| 使用教材 | 人教版七年级生物上册第二单元 | | |
| 教学内容分析 | "单细胞生物"是人教版七年级上册《生物学》第二单元第2章"细胞怎样构成生物体"的最后一节。本节内容安排在"生物是生命活动的基本单位"和"动植物体的结构层次"之后，一方面是对学生认识生物体结构层次的多样性和复杂性的一种重要补充，有利于学生对生物体的结构层次形成全面的认知；另一方面是对前面两个单元"生物和生物圈"及"生物体的结构层次"知识的复习和巩固：学生通过前面两个单元的学习，对生物具有的共同特征、细胞的基本结构、显微镜使用的实验技能已经掌握<br>在学生通过观察草履虫的活动形成感性认识的基础上，教材再以一幅清晰的图片——草履虫的结构示意图为例，以图文结合的方式，帮助学生进一步具体明确地认识草履虫的结构及其基本功能，了解草履虫是如何完成各项生命活动的以观察一个细胞的生物体生命活动为主线，以细胞的结构、生活及细胞是构成多细胞生物体的基本单位等知识为基础，通过合作学习、观察实验及探究实验等多种方式让学生理解一个细胞的生物体可以独立生活。体现了核心素养：<br>1.生命观念<br>单细胞作为一个独立生物体存在，学会珍爱生命，感受生命之美<br>2.科学探究<br>在探究中逐步增强对生物现象的好奇心和求知欲 | | |

| 课名 | 单细胞生物 | 授课班级 | 初一（3）班 |
|---|---|---|---|
| 课的类型 | 新授课 | 授课学时 | 1课时 |
| 使用教材 | 人教版七年级生物上册第二单元 | | |
| 教学内容分析 | 3.科学思维<br>获得较多的运用探究方法、综合分析的方式获取解决问题的机会，进而发展学生的综合思维能力<br>4.社会责任<br>关心人类生产、生活对环境造成的影响，认同"绿水青山就是金山银山"的环保理念 | | |
| 学习者分析 | 1.学习经验<br>通过前面章节的学习，对细胞构成生物体的基本单位有一定了解，也掌握了显微镜的使用方法<br>2.知识储备<br>具有生物体结构层次的多样性和复杂性的认知<br>3.学科能力水平<br>熟练显微镜操作技能；通过"观察草履虫"探究实验活动，提高学生探究能力<br>4.学习兴趣分析<br>由于单细胞生物个体微小，学生平时很难见到，生活中也不易接触，学生学习兴趣高<br>5.学习发展需求<br>生物学科主要是使学生形成正确的生物观点、掌握基本的科学方法、形成初步的科学态度，为日后的生活和学习打下必要的基础。本节课是帮助学生形成"细胞是生物体结构和功能的基本单位"以及"一些生物由单细胞构成，一些生物由多细胞组成"的正确生物观念<br>6.发展路径分析<br>生物学是一个拥有丰富结论的知识体系，包含了人类认识自然现象和规律的一些特有的思维方式和探究过程。本节课的发展路径是理解科学探究的过程，形成生物体的结构层次的知识体系<br>学习本课时可能遇到的困难：由于学生平时对草履虫缺乏感性认识，因此，在学习过程中对草履虫的形态结构和如何完成生命活动难以理解 | | |

| 课名 | 单细胞生物 | 授课班级 | 初一（3）班 |
|---|---|---|---|
| 课的类型 | 新授课 | 授课学时 | 1课时 |
| 使用教材 | 人教版七年级生物上册第二单元 | | |

| 学习目标 | 课标要求 | 目标细化 |
|---|---|---|
| | 说明单细胞生物可以独立完成生命活动 | （1）描述草履虫的形态、运动和生活<br>（2）说明单细胞生物是依靠一个细胞完成生命活动的<br>（3）举例说出单细胞生物与人类活动的关系，逐渐养成珍惜生命、爱护生命的情感<br>（4）通过对草履虫生命活动的观察，能够进一步认同细胞是生命活动的基本单位。<br>通过观察草履虫的取食、运动等，理解只有一个细胞的生物也能独立完成各项生命活动 |

教学策略

深度学习的教学策略

一、导入阶段

通过诊断性测验来了解学生的前概念，激活原有知识，同时了解学生在原有知识经验的基础上对新知识的构建情况，根据预评估及时调整教学策略，做到以学定教

二、主体阶段（获取和深度加工新知识）

1.选择性知觉

在对新知识进行加工前，学生并不是完全地或者被动地接受外界给予的信息，而是主动地根据原有的认知结构有选择性地知觉外界信息，将注意到的信息暂时储存在大脑的工作单位里，为进一步加工分析做好准备。因此笔者根据教学

| 课名 | 单细胞生物 | 授课班级 | 初一（3）班 |
|---|---|---|---|
| 课的类型 | 新授课 | 授课学时 | 1课时 |
| 使用教材 | 人教版七年级生物上册第二单元 | | |
| 教学策略 | 目标，学生的认知水平创设合理的教学情境，吸引学生的注意力。展示课前收集的单细胞生物与人类关系的资料、图片，如"啤酒、米酒的制作""馒头的制作""鱼及其他水生动物的饵料""草履虫能净化污水"等不同的真实情境促进学生理解单细胞生物与人类的关系<br>2.整合信息<br>学生所感知的新知识和其认知结构中的原有知识相互联系、相互作用，深度学习需注重对信息的整合。本节课的原知识是动植物体的结构层次，笔者通过教学过程中的"活动3　观察草履虫的结构及功能"创建新旧知识的联系，帮助学生整合信息<br>3.批判性分析<br>深度学习要求学生以一种批判或怀疑的态度来看待新学的内容，而不是将课本或者教师当作绝对的权威。学生在学习时可以从多个角度进行批判性分析，在不断质疑的过程中修正观念。本节课利用虚拟探究性实验"草履虫的应激性"培养学生批判性思维。由于学生之间操作方式的差异，容易导致实验结果会有所不同，或者是得出的实验数据和书本上的结论并不一致，这正是学生批判性思维的最佳时刻<br>4.知识建构或知识转化<br>"知识建构"是对新信息的意义进行建构，也对原有经验的改造和重组知识建构，此时通常伴随着概念转变的发生。而概念转变既是深度学习的重要目标，也是深度学习的最终结果<br>"知识转化"是学习者通过变式练习将知识转化为技能的过程，并通过创造性应用来完善和发展所习得的新技能，其实就是知识的应用过程、获取解决实际问题的技能，培养学生的核心素养<br>本节课通过课后的开放性作业实现知识的转化，也实现了知识的迁移和运用，课后笔者设计了"单细胞生物与食品制作研究"的开放性作业，学生可以调查市面上哪些食品是利用了单细胞制作、自己尝试利用单细胞生物发酵食品、探究草履虫的污水净化效果等<br>5.迁移和运用<br>迁移和运用就是学以致用，解决实际问题，是深度学习的最终目的<br>三、评价反思<br>评价形式应多样，贯穿于整个深度学习的过程之中。例如，本节课学习前的预评估诊断性评价，课中的过程性评价，学习结束后的总结性评价 | | |

续 表

| 课名 | 单细胞生物 | 授课班级 | 初一（3）班 |
|---|---|---|---|
| 课的类型 | 新授课 | 授课学时 | 1课时 |
| 使用教材 | 人教版七年级生物上册第二单元 | | |
| 信息化环境(平台、工具、资源等） | 信息化环境：<br>（1）乐课移动终端<br>（2）乐课网<br>（3）希沃教学一体机（触摸交互式电子白板）等智能化的教学平台与终端<br>（4）智慧课室<br>（5）录播系统 | | |
| 教学设计整体思路及特色 | 本节课的学习目标主要有两个：单细胞生物是如何完成各项生命活动的，单细胞生物与人类的关系<br>教学设计整体思路：这节课与学生的生活联系紧密，因此先归纳它们与人类的关系，再对单细胞生物的种类进行介绍，最后由教师对草履虫的形态结构进行引导学习，探讨理解单细胞生物为什么可以独立生活。理解一个细胞的生物体可以独立生活是教学难点，因此安排在学习了草履虫的结构和功能后以固定小组讨论的形式突破难点，同时以微课虚拟实验帮助学生构建草履虫的具有应激性的认知。整体教学设计从课前演习、课中实战、课后拓展构建连贯的深度学习的混合式教学环境。课前阶段重视学情和预评估分析，以学情分析为基础优化教学设计，实现以学定教，此阶段是教学策略中导入阶段需要完成预评估和激活原有知识的目标。课中关键是互动教学，不仅包括语言交流讨论，还包括如随机点名、快速问答、对比答案等多种形式，深化师生、生生之间的交流互动。此阶段是教学策略中的主体阶段，需要完成新知识的深度加工目标。课后阶段以开放性作品个性化辅导为重点，关注学生的学习过程与智慧发展的评价，评价形式多样，实时反馈，创新了传统课堂的教学评价，此阶段是教学策略中的评价阶段，需要完成教学评价<br>教学特色：<br>（1）利用信息技术构建课前演习、课中实战、课后拓展"连贯"的深度学习混合式教学模式<br>（2）利用信息技术、乐课平板把讲授新知识与虚拟实验结合起来，通过虚拟实验引导学生自己得出结论。这种安排使学生既获得了新知识，又培养了探究能力，有效突破教学重难点。虚拟实验有效解决了实验开展的场地、材料、设备等硬性条件的限制，降低实验成本和风险，开展绿色实验教学 | | |

## 【教学流程】

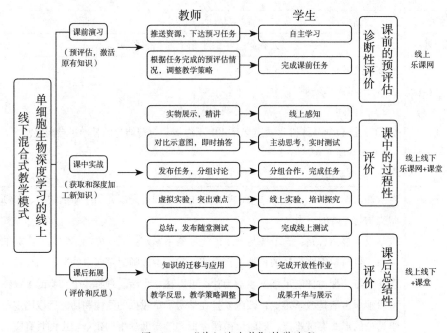

图6-2-1 "单细胞生物"教学流程

## 【教学过程】

表6-2-2 "单细胞生物"教学过程

| 教学环节 | 教师活动 | 学生活动 | 信息技术运用 | 设计意图 |
|---|---|---|---|---|
| 一、新课导入，通过现象实例引出单细胞生物 | 展示课前收集的单细胞生物与人类关系的资料、图片，如啤酒、米酒、馒头的制作，也可以收集鱼及其他水生动物的饵料，草履虫能净化污水，明确单细胞生物与人类的密切关系，这也是单细胞生物有益的一面；有害的一面（如使人患疟疾的疟原虫、引起赤潮的甲藻） | 根据课前预习情况有的放矢地调整教学策略，以学定教在教师的引导下，兴致勃勃地观看单细胞生物与人类生活的图片。积极投入新课学习中 | 根据课前作业预评估学生知识点掌握情况，调整教学策略，以学定教 | 从生产、生活实际出发，拉近与学生认知的距离，并引发学生学习的兴趣和求知欲。教师在学生展示的基础上小结单细胞生物与人类的关系 |

续 表

| 教学环节 | | 教师活动 | 学生活动 | 信息技术运用 | 设计意图 |
|---|---|---|---|---|---|
| 二、通过观察、讲解，识别，了解单细胞生物 | 活动1 | "小烧杯水中有什么?"教师展示采集的池塘水,让学生猜猜水中有什么 | 观察思考,肉眼观察培养液上层游动的小白点 | 利用平板的拍照功能展示培养液中的草履虫 | 学生对草履虫缺乏感性认识,现场展示烧杯中的草履虫活体,激发学生的探知欲 |
| | 活动2 | 观察教材中P.2~19中几种单细胞生物的图片,介绍几种生物的特点,同时说明各种生物的个体大小 | 观察思考,了解几种常见的单细胞生物,认识草履虫的个体大小 | 观看平板课件 | 学生认识到多种多样的单细胞生物,初步形成"一些生物由单细胞构成,一些生物由多细胞组成"的正确生物观念 |
| | 活动3 | 对比课本 P.68 示意图,讲解草履虫的结构及功能,了解单细胞生物是如何独立完成生命活动的<br>以草履虫为例,可以提出以下问题:<br>(1)草履虫如何运动<br>(2)草履虫如何获取营养<br>(3)草履虫可以通过胞肛、伸缩泡排出体内产生的水分和其他多余的代谢废物<br>(4)展示草履虫分裂生殖、接合生殖的图片,讲解草履虫的繁殖过程,并总结草履虫的细胞核分为大核和小核,具有提供营养物质和遗传的作用 | 观察思考答题,对照书本示意图进行自学,思考老师的提问。初步理解单细胞生物可以独立完成生命活动 | 利用平板抽答及分组讨论功能 | 通过抽答和分组讨论,促进学生主动思考,锻炼学生思维的敏捷性,让学生在抽答中体验成功的喜悦,体现新课标下学生的主体地位 |

续 表

| 教学环节 | 教师活动 | | 学生活动 | 信息技术运用 | 设计意图 |
|---|---|---|---|---|---|
| 二、通过观察、讲解，识别、了解单细胞生物 | 活动4 | 虚拟实验1：观察草履虫<br>虚拟实验2：草履虫的应激性<br>利用录制好的微课介绍草履虫的结构和应激性实验，提问甲乙两个玻片的草履虫移动方向及出现不同现象的原因<br>虚拟实验中需要强调：<br>（1）草履虫的纤毛是布满体表的，不要误解为只长成一圈<br>（2）草履虫的采集和培养需要从有机物较丰富的稻田、池塘、水渠中获得<br>（3）应激性实验需要掌握适当的食盐量，放多了会杀死草履虫<br>实验结论<br>观看实验、分析实验现象、得出结论。时间允许的情况下，邀请学生到教师端进行虚拟实验操作 | 利用平板的"快速问答——课件题"功能、微课录制功能 | 利用微课开展实验教学，突破教学难点，帮助学生理解单细胞生物具有应激性，可以独立完成生命活动 | |
| 三、总结，练习反馈 | | 小结本节课知识点，拍照笔记，完成随堂测试，点评反馈 | 思考作答 | 利用平板的"拍照笔记"和作业分析功能，重点使用作业分析功能，重点点评反馈错误率高的题目 | 及时评价，充分发挥鼓励性评价的积极效应，促进学生自觉、热情地投入学习活动中去 |

【教学反思】

本节课的创新点是利用深度学习的线上线下混合式教学模式，它是信息技术与教育融合的一种全新的教学模式，笔者利用线上教学平台推送演示文稿、视频、动画、案例等学习资源，学生课前自主学习、参与讨论并完成课前任务，再根据线上学习和课前任务的完成情况，在线下课堂有针对性地答疑解惑，使学生更好地将课程重难点内化吸收，有助于锻炼学生的自主学习能力。深度学习的混合式教学模式构建始终坚持"教师主导、学生主体"原则，本节课实行以任务为主线，以师生深度互动为基础，以乐课网为支撑平台构建线上线下混合式教学模式。具体分为课前演习、课中实战和课后拓展三个阶段。课前主要通过乐课网进行线上学习与互动；课中主要在课堂上进行线下实践，同时也进行线上互动学习；课后以线上作业和社团（或兴趣小组）实践为主。在实施过程中，利用乐课网的教师评价、学生互评、奖励小红花等功能对学生每个阶段的表现和作业进行多元评价。无论是课前、课中、课后，都做到了师生深层次互动，总体而言，混合式教学模式减轻了教师批改作业、备课、检测等负担，根据课前预习情况有的放矢地调整教学策略，避免大范围笼统式教学，真正做到了以学定教。

　　虚拟实验是教学的亮点，以观察草履虫结构和探究草履虫应激性实验，让学生通过观察比较、讨论分析，建构单细胞生物能独立完成生命活动的生命观念，感受生命之美；利用探究性学习培养学生科学探究能力和科学思维；增强学生社会责任感，做到关心人类生产、生活对环境造成的影响，认同"绿水青山就是金山银山"的环保理念；发展生物学核心素养，在积极愉快的课堂氛围中提高认知水平，达到了预期的教学目标。但这也十分考验教师的实验掌控能力，学生能力的差异会影响虚拟实验的开展，在实际教学中存在有一定的困难。本节内容中实验占据重要部分，教师要注重对实验进行过程性评价。

# 第三节 智慧课堂教学案例二

广州市南海中学 霍婉云

## 【案例概述】

### 表6-3-1 "The Return Of The Dinosaurs" 案例概述

| 课名 | The Return Of The Dinosaurs | 授课班级 | 高二（7）班 |
|---|---|---|---|
| 课的类型 | 新授课 | 授课学时 | 1课时 |
| 使用教材 | 人教版高二英语选修八第二单元 | | |
| 教学内容分析 | 本课是本单元的第二课时"语言运用"（Using Language），分两部分："读、讨论和写"。阅读部分提供了一篇有关"恐龙的回归"的阅读材料，讲述了人类自开始认真进行克隆动物研究以来一直想要克隆已经绝种的动物，并指出克隆绝种动物的条件，从而得出结论：恐龙的重生仅仅是个梦想而已。阅读文章后要求学生讨论下列问题：<br>1.文章的结构脉络是怎样发展的？并绘制思维导图汇报结果<br>2.要求学生写成一份报告。这项写作富有挑战性，需要学生大胆想象，以理服人，不但有利于提高学生独立思考的能力，而且能引发他们对克隆动物健康的关注以及对克隆技术发展前景的再思考，具有现实意义 | | |
| 学习者分析 | 高二（7）班是一个包含有10名艺术生（文化课低于平均水平）的文科普通班学生，学生的阅读理解能力，尤其是分析、判断和总结的能力有待提高。他们已经在前一个课时学习了关于克隆的一些背景信息，所以在这节课，他们将学习一篇关于是否应该克隆恐龙的议论文，同时，他们需要完成阅读理解任务，使用思维导图帮助厘清课文的结构并掌握如何写议论文 | | |
| 学习目标 | 1.语言目标<br>（1）应用单元主题词汇<br>（2）培养学生解构文本结构的能力<br>（3）学习如何写议论文<br>2.学习能力目标<br>（1）通过思维导图厘清文章结构和作者的组织思路 | | |

续 表

| 课名 | The Return Of The Dinosaurs | 授课班级 | 高二（7）班 |
|---|---|---|---|
| 课的类型 | 新授课 | 授课学时 | 1课时 |
| 使用教材 | 人教版高二英语选修八第二单元 | | |
| 学习目标 | （2）发展学生根据图片和标题预测信息的能力，在阅读中获取信息、判断和分析的能力<br>（3）培养学生根据关键词归纳段落大意的能力<br>3.思维能力目标<br>培养学生通过小组讨论、合作探究，发展批判性思维、创新思维能力和发散性思维能力<br>4.文化意识目标<br>（1）培养正确判断克隆动物的道德观念<br>（2）培养对已经灭绝的动物是否适合克隆重生的合理性，道德和利益利弊的衡量标准<br>（3）培养热爱科学的情感 | | |
| 教学策略 | 以观看电影作为课程的引入，以感性直观的形式引起学生对恐龙克隆的兴趣与思考，这是学生对符号感知的过程<br>以由浅入深的各项阅读微技能训练学生的阅读能力、发散性思维能力、判断能力、分析整合能力、归纳能力等，绘制思维导图，生成汇报，是学生对知识进行理解、体验和探究的过程<br>最后开放互联网，让学生自主查询需要讨论的4种已灭绝的动物的生活习性等相关资料，然后根据它们的习性、价值等讨论哪种灭绝的动物值得克隆，这是学生真正深刻地把知识符号转化为逻辑形式的重要步骤。讨论后，让学生写成议论文，说明自己提出克隆某种动物的理据，是学生反思和批判性思维的过程，是对课本知识个人化理解、自我建构并获得知识意义增值的环节 | | |
| 信息化环境（平台、工具、资源等） | 使用智慧教室平台，在教学中进行视频播放；通过平台，学生进行抢答，随机抽取回答，画图作答，实时传送答案、分析整体答题数据，教师当堂点评；学生利用互联网查阅资料 | | |
| 教学设计整体思路及特色 | 根据最新的《普通高中英语课程标准（2017年版）》，高中英语课程目标以培养英语学科核心素养为重点，包括语言能力、文化品格、思维品质和学习能力（教育部，2018）。在高中英语阅读教学中，学生的语言能力和学习能力得以提升，文化品格得以体现，思维品质得到发展。同时，新课标提倡英语学科教学与信息技术结合，更有效地提高教学效果。本课的设计是英语学科教学与信息技术融合的一个探索<br>通过视频播放引入，给予学生对本单元话题一个感知，使书本表述的知识符号具体化、表征化；通过多种任务深入阅读文本，培养学生英语学科的思维能力，对知识符号进行还原和下沉；通过线上查询资料和小组讨论，最后以文字形式汇报，培养学生独立思考能力和判断力，对本节课的知识进行反思和提升，让学生对原本的知识符号进行个人意义的升华和表达 | | |

【教学过程】

表6-3-2 "The Return Of The Dinosaurs" 教学过程

| 教学环节 | 教师活动 | 学生活动 | 信息技术运用 | 设计意图 |
|---|---|---|---|---|
| 引入 | 播放视频，引导学生关注两个问题：（1）How and where did the scientists get the DNA（2）Is it easy to get it | 看视频回答两个问题 | 视频播放 | 介绍课程主题，引起学生对克隆恐龙话题的兴趣与思考 |
| 读前预测 | 指引学生根据课文的标题和插图预测课文内容 | 根据课文的标题和插图预测课文内容 | PPT课件展示 | 培养学生英语学科核心素养当中"看"的能力，根据信息推测阅读材料的主题与相关信息 |
| 阅读 | 引导学生获取阅读信息，归纳大意 | 快速浏览课文，归纳段落大意 | 通过平台收集学生答案 | 培养学生整体阅读和归纳段落大意的能力 |
| | 引导学生分析体裁，思考作者的写作意图 | 判断文章体裁，推测作者态度 | 通过平台随机抽取学生回答问题 | 培养学生的分析判断能力和对克隆科技引起的道德问题的判断 |
| | 引导学生精读课文，深挖文本 | 精读课文，回答问题 | 通过平台让学生抢答问题 | 培养学生各项阅读微技能，发展语言能力、学习能力和思维品质 |
| 自主学习 | 布置自主学习任务，引导学生上网查询资料 | 自主上网查询下一步需要决定克隆的动物的相关资料，找出自己需要的佐证 | 提供互联网让学生进行资料查询 | 培养学生上网筛查信息的能力，培养学生英语学科的思维能力和判断力 |
| 讨论合作探究 | 引导学生合作学习 | 通过绘制思维导图，分析课文结构与脉络 | 通过平台实时收集学生的思维导图，实时展示 | 培养学生发散性思维、批判性思维和分析能力、合作学习能力及有理有据地表达自己观点的能力 |
| 总结和作业布置 | 引导学生归纳议论文写作的方法，布置学生把口头汇报的情况以议论文形式写下来 | 总结议论文的写作方法 | PPT课件展示 | 巩固课堂所学，提供机会让学生学以致用 |

**【教学反思】**

通过视频播放引入课程，通过平台实时收集学生的答案进行即时的数据分析，使得教师和学生都可以及时得到教学反馈，教师可以根据学生的实际情况进行及时的点评和答疑。通过信息平台的抢答、随机抽取回答等功能调动学生参与课堂的积极性，改善传统课室中沉闷的阅读课氛围。通过平台展示学生作品，让学生有机会向同伴汇报自己的学习成果，获取学习的快乐和成功感。利用信息技术，实时收集学生作答情况，分析数据，及时反馈。混合教学方式提供学生自主学习的机会，在这个过程中培养学生通过信息技术提高学科学习效果的能力。

教学设计能突出教学的重难点，任务的设计能一步一步给学生搭建"脚手架"，通过阅读微技能的一系列训练，包括预测、归纳段落大意、分析判断、推理等，培养学生语言能力和思维品质。通过讨论、绘制思维导图、汇报总结等小组合作活动发展学生的学习能力、语言能力以及发散性思维、批判性思维和创造能力。通过对克隆动物引起的道德问题，帮助学生树立正确的科技道德观念，发展学生的文化品格。所以，本节课的设计较为合理，同时学生的参与度高。

不足之处：在阅读归纳大意的环节学生所花的时间稍多，造成后面课堂总结和作业要求讲解的环节时间较为仓促，建议教师在归纳段落大意环节给予学生多一点铺垫。

# 第四节　混合式创作活动教学案例

广州市天河区天府路小学　白杨

## 【基本信息】

表6-4-1　"习作评价——以小学语文四年级下册第一单元习作评价为例"案例概述

| 课名 | 习作评价——以小学语文四年级下册第一单元习作评价为例 | 授课班级 | 四年级（2）班 |
|---|---|---|---|
| 课的类型 | 新授课 | 授课学时 | 1课时 |
| 使用教材 | 人教版四年级语文下册第一单元 | | |
| 学习目标 | （1）学生认真审题，学习同学之前的优秀习作，之后完成一篇游记<br>（2）上传自己修改后的习作至区域教育资源服务平台SNS网络学习空间（班级群组），接受老师和同学们的点评，在同伴和老师修改意见的帮助下在线下完成习作的修改<br>（3）通过学习优秀习作，提升写作能力，激发学生写作的兴趣和修改作文的动力 | | |

## 【教学设计】

表6-4-2　"习作评价——以小学语文四年级下册第一单元习作评价为例"教学设计

| 学习环节及内容要点 | 教师指导活动设计 | 学生学习活动设计 | 网络学习空间应用 | 设计意图 |
|---|---|---|---|---|
| 一、习作指导课：认真审题，堂上作文 | 在习作指导课上，引导学生细读单元习作的要求，借鉴单元课文的写法，指导学生如何立意、谋篇 | 基于老师的习作指导，在堂上完成一篇习作 | | |

| 学习环节及内容要点 | 教师指导活动设计 | 学生学习活动设计 | 网络学习空间应用 | 设计意图 |
|---|---|---|---|---|
| 二、生生互改 | 根据学生习作完成情况，基于互帮双赢的原则，分发习作，强调点评的要求 | 在原稿纸上修改同伴的习作 | | |
| 三、上传文章、生生互评、老师点拨 | 老师在网络空间阅读学生上传的文章和学生之间的互评，及时点拨 | 学生在网络空间分小组点评同伴的习作，并认真阅读同伴对自己习作的意见 | 学生将习作上传到网络学习空间，并在其平台上阅读、点评同伴的习作，接受老师和同学的修改意见 | 学生想到自己的作品将公布在班级群中，迫于压力，自然会在上传前认真修改自己的文章。出于好奇，学生很自然地会点击很多和自己内容相似、关系要好的同学的文章，从而达到相互学习的目的 |
| 四、习作点评课：阅读跟帖、修改文章 | 在习作点评课上表扬上传文章及时、认真阅读同伴作文并留言及文章优秀的同学 | 学生认真阅读老师和同学的修改意见，在线下修改自己的底稿 | 在习作点评课上，老师运用多媒体和同学们分享优秀的习作与点评 | 写和评是完成习作的两个阶段，网络学习可以让学生分享到更多同学们的习作和点评 |
| 五、修改习作，完成誊抄 | 指导学生如何修改习作 | 基于同伴和老师的修改意见，进一步完善自己的习作并完成誊抄 | 学习网络学习空间中部分同学的优秀习作，基于此，完成自己的习作修改 | 通过网络学习空间，扩大优秀习作的分享面，同时也增强作者的荣誉感 |

**【实施效果】**

四年级第一单元的主题是走遍千山万水，精读课文《记金华的双龙洞》和略读课文《七月的天山》都是按照一定的游览顺序，抓住景点的特点来描写的，堪称经典的游记。这两篇文章是学生完成这篇习作很好的范例。学生在实地观察和课堂习作指导的前提下，在堂上完成了这个单元的习作。

拿到学生堂上完成的习作，如何修改？笔者采用线下线上相结合的策略，将其细分为三个步骤，可谓评改"三部曲"。

**第一步：同伴互改，批注点评**

堂上习作完成后，白老师会把习作浏览一遍，了解学生习作第一稿完成的情况，以及笔者在习作指导课上所强调的写法学生领会了多少。基于对习作的大体了解，笔者在分发习作互改的时候，就会将完成不够理想的稿子分给完成不错的孩子，从而实现互改互评过程中优秀的孩子指导有待进步的孩子，有待进步的孩子向优秀的孩子学习的双赢。

学生在完成这项家庭作业前，笔者会强调修改的内容以批注和点评的方式来呈现：错词错句要用修改符号，好词好句要用下标三角形和波浪线来批注，点评的角度为主题、内容、结构、语言和书写五个方面。

**第二步：小组互改，集思广益**

传统习作的评价往往止步于同伴互改和老师批改，评价的方式是"点对点"，不能做到"以点对面"的分享，但借助网络学习空间，就可以借助网络传播"以点对面"的特点让学生的习作得到全班同学、同学家长甚至陌生同学的关注，这种关注会培养学生的读者意识，学生发现一旦他们的文章放到了班级群组上，便会有读者关注，这种关注不是传统习作评价中的单一的老师或同伴，而是不可计数的庞大群体。当学生意识到习作可能有的潜在读者，其在修改自己的习作时便有了动力。

区域教育资源服务平台SNS网络学习空间（班级群组）使用近一年，学生非常熟悉上传的流程。为了实现小组互改、互帮互助的效应，笔者将全班学生分为10个小组，每个小组设一个组长，负责督促提醒小组成员上传文章和点评文章（见图6-4-1）。

| 第一单元写景作文量 小组 | 45 | 9 | 董 | 03月13日 12:16 |
|---|---|---|---|---|
| 代 小组 | 83 | 20 | 杨 | 03月08日 19:43 |
| 第一单元习作 小组 | 57 | 9 | 张 | 03月08日 06:52 |
| 第一单元写景作文 小组 | 66 | 17 | T | 03月07日 22:45 |
| 刘 小组 | 78 | 24 | T | 03月07日 21:49 |
| 第一单元写景作文 小组 | 110 | 25 | 黄 | 03月07日 21:19 |
| 第一单元写景作文 小组 | 75 | 16 | T | 03月07日 21:13 |
| 第一单元写景作文 小组 | 82 | 20 | | 03月07日 20:57 |
| 第一单元 写景作文 | 62 | 16 | T | 03月07日 20:27 |
| 第一单元 小组 | 55 | 9 | T | 03月07日 17:18 |

图6-4-1 10个小组

教师要求每位学生至少点评3篇习作。图6-4-2是杨同学的点评。

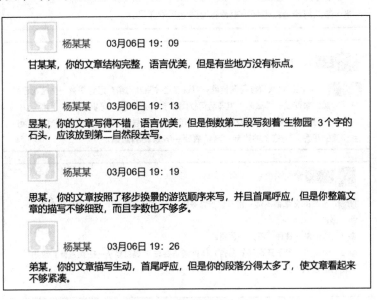

图6-4-2 杨同学的点评

2011年版新课标倡导"自主、合作、探究"的学习方式，改变传统的"教师讲，学生听"的被动接受学习模式。借用网络，学生们可以集思广益，获得同伴对自己习作的指导，对于同龄人在平等交流的基础上所提的修改建议，学生更愿意接受。从图6-4-3的同伴评语中我们不难发现，学生点评习作的标准非常多元，一是根据老师习作讲评课上的指导要求，二是依据文章主题、结构、内容、语言和书写五大标准，三是学生直接点评习作中某一部分的细节描写。

03月06日 15:02

☐☐的开头很好，运用了上午白老师教我们的那段话。

第二段和第三段描写花的那里要写具体一点。

注意：生物园的路不是石子路，石子路是很多石头的。

而且写花廊的使君子时，写得一点都不具体，建议在电脑上查各种花的资料。

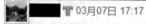 03月07日 17:17

表扬☐☐及时上传习作，赞一个！

这篇习作较上学期进步很大，内容充实，语言流畅，但有以下几点需要注意：

1.文章的后半部分，也就是出了至和亭之后的内容没有写作的顺序；

2.小药圃里有罗汉松吗？应该是落羽杉吧！

3.游记要有个人的感受、想象。

想一想如何改，白老师很期待你修改之后的作品。

 03月05日 16:05

☐☐，"人们都说八月桂花满枝黄，可现在还没到八月啊！但还是有一些桂花已经开了，虽然香味没有那么浓，但凑近可以闻到淡淡的花香。"**可以改成**"人们都说八月桂花满枝黄，虽然现在还没到八月，但还是有一些桂花已经开了，凑近就可以闻到淡淡的花香。"内容不够饱满，**可以解释一下对联的意思。**

☐☐ 03月06日 10:15

☐☐，你写的文章很不错，用了移步换景的写作顺序，赞一个！不过第三自然段有两个错误。

◆ 1. 那个是"一棵棵"，不是"一哥哥"。

◆ 2. 你见过使君子开花吗？没有，所以请不要写成"美丽极了"，把"美丽极了"改为"它开花时应该很漂亮"。

 03月05日 16:56

☐☐评论菜菜：有些地方有病句，和美石不是在生物园右侧，而是在入口的右侧。第三自然段写得很生硬，应该用一些拟人的修辞手法。"还有红叶似火的花檵木"后面要分段。第四自然段有一个错别字——不是"画廊"，而是"花廊"。作文还有很多写得不好的句子，建议再丰满一点。快去修改吧！

图6-4-3 教师评语

教师的点评穿插其中，起着示范、点拨的作用（见图6-4-4）。

语文老师白杨 03月05日 10:53

表扬███，习作上传得很及时。

这是一篇游记，文章中要有自己的个人感受，融入自己对生物园的喜爱之情。想一想如何修改，能表达出你的感受。

语文老师白杨 03月05日 11:07

表扬███，作为小组长能够及时上传文章，并提醒同伴，赞一个！

文章具备了游记的特点，在介绍景物的时候融入了个人的感受、想象，倒数第三段的想象写得很好，也很自然，相比之下，倒数第二段的想象有些生硬，想一想如何改读起来更自然一点！

图6-4-4 教师点评

**第三步：堂上点评，全班参与**

习作讲评课前，每位学生的习作都经过了同伴的修改、自己的修改、线上的小组交流，在此基础上，学生的习作已经完成了第一稿的修改。

习作课上，笔者会按照以下教学模式来指导学生修改第二稿（见图6-4-5）。

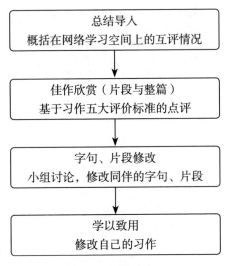

图6-4-5 教学模式流程

在堂上点评习作之前，很多学生都借助网络空间阅读了同伴的习作，并在网上完成了点评，对同伴习作的优缺点有了前置性的发现。课堂上，老师在分享优秀习作片段和问题习作片段的时候，学生们因为有课前的思考，就可以很快发现文章的闪光点和需要修改的地方。再者，因为教师在网络学习空间剪贴学生习作的片段非常容易，所以在点评的时候，教师应尽可能地选用多篇习作的片段，从而让更多孩子的习作能够在班内得到赏析。

### 【教学反思】

借用区域教育平台的师生学习空间实施小学中年级作文教学，尝试将习作线下评价与习作线上评价自然融合，改变师生之间点对点的习作评价模式，尝试借用网络学习空间所搭建的读者平台激励学生作文的自改；以点对面的网络传播模式让学生的作文互评更加积极主动；习作评价课上，课前的前置性学习和剪贴学生习作的便捷性让堂上点评更加有效；网络学习空间为学生提供了一个互相学习的平台，习作能力弱的学生可以在网上学习模仿班级同学的优秀习作。

基于网络学习空间的习作评价改变了传统习作评价师生互动的单一模式，把习作修改权还给了学生，激发了学生修改自己习作的自主性，从而让习作教学从评价中找到了提升的突破口。

# 第五节　跨学科项目式教学案例一

广州市第十六中学　周雅莉

## 【案例概述】

表6-5-1　"STEAM视角下的中学生商品交易实践活动"案例概述

| 案例名称 | STEAM视角下的中学生商品交易实践活动 | 案例时长 | 一个月 |
|---|---|---|---|
| 学科 | 经济科学、数学、美术、信息技术 | 班级 | 高一级 |
| 案例特色：本项目是在STEAM教育理念指导下，利用网络技术、多媒体技术等现代信息技术手段开展的财商教育实践活动的一种新型教育形态，是以学习者为主体，让学生在自己的体验中收获知识，深化对数学和经济知识的理解。当学生在"商品交易"中基于如何提高经济效益问题经历背景分析、问题提出、问题解决、活动反思与拓展运用等过程，最后成功地制作和销售出商品时，学生能够感受到数学之韵，成就了经济和工程之美 |||| 
| 学习目标和核心知识 | 知识：（1）正反比例函数、经济效益、利润率等知识。（2）知道投资收益与投资风险，融资的方式。（3）懂得制作财务报表<br>能力：（1）培养自主学习能力和探究能力，能够运用所学相关数学和财经知识，分析学校的市场环境。（2）增强学生的分析、综合、概括、抽象、比较等思维能力，从纷繁复杂的市场中准确选准商品，有正确的市场定位。（3）提高创新能力。可以充分利用互联网优势，从产品的研发、市场情况、营销策略等多方面发展创新能力。（4）发展合作探究能力。组成创业团队，有合理的分工，通过合作探究达成创业任务<br>情感态度与价值观：（1）成为一名自食其力的劳动者，积极创造社会财富和个人财富。（2）成为一名财富的管理者，拥有正义、道德、守法的财富观念 ||||

| 案例名称 | STEAM视角下的中学生商品交易实践活动 | 案例时长 | 一个月 |
|---|---|---|---|
| 学科 | 经济科学、数学、美术、信息技术 | 班级 | 高一级 |
| 学习者分析 | 学生学习经验能力兴趣分析：2003年学校为了帮助学生体验感悟财商教育，引导学生养成良好的理财习惯，提升学生财经素养，结合学科课程，创造性地开发了系列财经素养综合实践活动。例如，每年举办模拟商品交易会等，学生在活动中基本都能盈利。学生在日常生活中也有记账的习惯，可以将数学知识灵活地运用到日常财商教育中，学生在长期的学习氛围熏陶下，具备了自主探究的学习能力，并在此基础上产生了浓厚的学习兴趣。地处沿海开放城市，学生具备一定的财商知识和家庭背景的支撑。从生涯规划的角度出发，学生自发主动学习实践，甚至自发组织金融社团共同探究发展<br><br>学生学习发展路径分析：在已有的学习经验基础上，学生会产生个人通过实践收获知识能力等并行式思维过程，但往往会忽略财商教育的价值观教育，忽略合作探究和跨学科融合学习等这些层级式和互补式思维过程。通过本项目的探究，让学生亲历知识形成和发展的过程，可以为学习者提供更全面的思维角度，通过创业大赛、演讲展示等方式表征知识，锻炼能力。学习过程是通过自主探究—互动学习交流—成果展示—反馈评价等展开<br><br>学习本课时可能遇到的困难：财商教育实践活动整个流程都是模拟真实的经营场景，学生自行组成创业团队，制定营销策略，制订合理的融资方案，参与投标，申请"企业法人营业执照"；开展摊位投标竞拍，活动通过建设线下+线上(O2O)互动实践，利用微博、微信、微商、微视频、直播等建设数字化、社会化、移动化、智能化的新型财经实践活动，学生会遇到高阶知识、沟通障碍、不懂信息技术、跨学科融合学习等难题，但随着合作互动的学习方式展开，相信这些难题会迎刃而解 |
| 驱动性问题 | 1. 本质问题<br>数学与经济科学、信息技术、工程、美术的结合点：正反比例函数的教学可以与经济的价值量、需求弹性等知识联系起来，可以引导学生在理解价值量与劳动生产率的关系、价格与需求量的关系过程中，更好地建构对正比例函数的理解。同样，在深化正反比例函数图像理解的时候，可以让学生在对价格与生产的关系的分析中，建立横轴表示时间、纵轴表示路程的直角坐标系，并寻找具有典型意义的点，然后描点，即可得到图像。在这个教学过程中，如果说对正反比例函数的研究是数学之神的话，那对价格与需求量研究就是科学之形，将数学之神蕴于经济科学之形中，学生获得的知识将更为立体、更为丰满。信息技术在数学教学中的运用最直接的就是让学生去观看函数图像的形成。函数图像在学生的思维中最佳的存在形式，就是当学生看到函数图像时，能够看到一个动态的函数图像生成的过程。如果借助计算机技术，运用数据处理软件，先输入变量与函数的若干组数据，让学生认识到这就相当于在直角坐标系上确定点，然后借助软件生成函 |

续 表

| 案例名称 | STEAM视角下的中学生商品交易实践活动 | 案例时长 | 一个月 |
|---|---|---|---|
| 学科 | 经济科学、数学、美术、信息技术 | 班级 | 高一级 |
| 驱动性问题 | 数图像，结果学生就看到一个完整的图像形成过程，对于深化学生对函数图像的理解，进一步理解如何提高经济效益起到了有效的驱动作用。当学生基于勾股定理而真实地测出学校旗杆的高度时，当学生制作学校的模型在商品交易会上销售时，这就将工程、数学、经济科学、艺术完美地结合了<br>2. 驱动性问题<br>让学生在自己的实验、体验中收获知识，让学生在自己动手的过程中深化对数学和经济的认识理解。当学生在商品交易中基于如何提高经济效益问题经历背景分析、问题提出、问题解决、活动反思与拓展运用等过程，最后成功地销售出商品时，学生能够感受到数学之韵，成就了经济、工程、艺术之美。反之，当学生明白这一点之后，他们到了生活中往往具有更加良好的数学视角，能够用数学视角去研究生活中的经济现象，这是数学与经济生活的完美衔接，是学生体验数学、经济、工程、艺术之美的重要途径 | | |

| 成果与评价 | 个人成果：财经论文、科技创新大赛获奖 | 评价的知识和能力：数学、商业知识、手工制作等核心素养和能力 |
|---|---|---|
| | 团队成果：创业大赛获奖、商赛获奖 | 评价的知识和能力：商业知识、合作探究 |
| | 公开方式：商业大赛<br>网络发布（√）成果展（√）<br>张贴（√） | 评价的知识和能力：表达能力、商业策划能力 |

| 教学策略 | 设计目标：STEAM的课堂是基于真实问题解决的探究学习、基于设计的学习，强调发展学生的设计能力与问题解决能力。STEAM教育符合当下创新教育、个性化教育的理念，最终以提升学生的核心素养为目标<br>设计理念：坚持系统性与目标导向性原则，融合混合式学习的"双主体"与"个性化学习"的理念，对线上与线下相结合的混合式学习中的在线学习活动进行设计，提出适合混合式教学中开展在线学习的财商实践活动类型，并围绕活动前端分析、活动过程设计、活动评价设计等环节，形成混合式学习中在线学习活动和线下实践活动设计的整体框架<br>设计原则：1.真实性。"互联网+"的零售商的线上线下融合服务模式在零售管理和企业管理的过程中发挥着非常重要的作用，将这一真实的场景引入混合式财商学习中，将学生的经验、商品经济的学术任务和活动中的身份回归到融合的状态，解决学校学习的抽象化、去情景化和个体化的问题。2.全员参与性与层次性。活动设计并不是高精尖问题的研究，它适合所有的学生，吸引了全体学生参 |
|---|---|

续 表

| 案例名称 | STEAM视角下的中学生商品交易实践活动 | 案例时长 | 一个月 |
|---|---|---|---|
| 学科 | 经济科学、数学、美术、信息技术 | 班级 | 高一级 |
| 教学策略 | 加，而不是仅仅让能力强和水平高的学生参加。我们把活动设计成若干种形式，确立不同的分工要求，在模拟商品交易会上，有管理能力的充当董事长，有财会知识的负责理账，手巧的同学制作商品，善于与人打交道、口才好的充当销售人员等。给予学生广阔的创造性空间。通过设计商品交易的线上与线下相结合的混合式学习，在线学习数学和财经知识，线上线下宣传销售商品等，学生不是利用只有一个正确答案的标准去解决问题，而是去创造独特的方法来解决有多个观点和多种方法的复杂问题。通过线下线上的活动取得最佳的学习效果，提升混合式教学质量。3. 系统性。目标设计、资源设计、活动设计、评价设计和复盘迭代作为一个整体通盘考虑。教师们在教学目标的设计过程中，落实以学生为中心的教学方式转变，把重复讲课转换成课前学习，将作业转换成实践活动，在评价中加大形成性评价比例 | | |
| 信息化环境（平台、工具、资源等） | 学习平台：在UMU学习平台组建创业团队班级，发布活动消息、学习任务等。在圆钉微信公众号组建财经团队，管理创业团队，评选优秀创业团队。建立班微信群，发布消息，互动交流<br><br>课程学习材料包：探索和建立了"课程学习材料包"资源系统。"课程学习材料包"由校本课程教材、企业提供的课程学习教材、多媒体课件光盘等数字化教材组成<br><br>智慧课堂建设。课前：财商实践活动+互动交流方式。通过各种即时通讯软件，比如现在常用的微信公众号、微信群、学习互动平台等，真正实现师生或者师生与社会机构多向自由沟通，课下多主体互动交流的高效学习方式。课中：互联网+模拟实践活动模式。学生可以通过局域网参与在线市场营销软件竞赛全真模拟市场化的企业运营环节，熟练掌握产品从生产到流通环节的各种经营管理技能，实现书面知识和实践技能的完美结合。学生通过微商、微信等线上发布产品和进行买卖，线下体验和交易等。课后：财商实践活动+评价方式。为了鼓励学习者积极参与交互活动，每位学习者都会定期收到自己的参与度情况以及班级的整体参与度情况，让学习者及时了解自己的在线参与度，可以更好地激发他们的参与热情。通过学习互动平台，教师也可以及时了解学习者的动态发展，并予以指导。通过网络评选和专家评选的方式选出最佳创业团队予以奖励。同学们通过网络探究实时检测、总结提升、填写问卷等。由于地处经济发达地区，基本上每位学生都有智能手机，这也便于智慧课堂的开展 | | |

## 【教学流程】

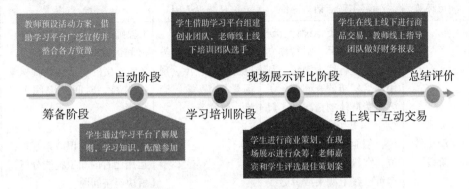

图6-5-1 "STEAM视角下的中学生商品交易实践活动"教学流程

## 【教学过程】

表6-5-2 "STEAM视角下的中学生商品交易实践活动"教学过程

| 项目环节 | 学习实践活动与评价 | 信息技术运用 | 设计意图 |
|---|---|---|---|
| 前期筹备 | 学生了解活动规则，学习相关的数学和财经知识，组建创业团队。撰写申请书，获得销售的资格。教师指导撰写申报书，并评选创业团队的参加资格。用时约一周 | 利用圆钉微信公众号、微博、AppUMU、微信班群等发布宣传鼓励学生参加活动，组建学习团队 | 用信息技术搭建真实的商业情景，激发学生的参与热情。在没有唯一答案的真实商业情境中，让学生成为该情境的主人。将社会的各方资源整合到学习平台，优化学习效率和沟通方式 |
| 学习培训展示评比阶段 | 学生了解商业运作，从消费群体、产品定位、进货和销售渠道、运用数学知识解决成本利润核算、营销策略等多方面自主探究，依据大赛的要求制作项目策划书，现场向评委展示宣讲。老师培训学生并评选最佳策划。宣讲会用时两节课，自主探究约一周时间 | 利用圆钉微信公众号、微博、AppUMU、微信班群等发布活动规则、教学视频、现场直播、交流指导、在线交易 | 1.培养学生的财经素养和学科核心素养<br>2.让学生有意志地、有意图地、积极地、自觉地建构实践，包括互动—行动—反思活动<br>3.教师在活动中始终充当学生学习的促进者、指导者和合作者 |

续 表

| 项目环节 | 学习实践活动与评价 | 信息技术运用 | 设计意图 |
|---|---|---|---|
| 线上线下互动交易阶段 | 学生自己筹资，设计、研发、购买商品，自行创立微店，进行线上销售。利用网络发布调查问卷，了解消费群体的情况，了解线上销售情况，进行宣传，创业团队现场布置摊位，宣传和销售产品，顾客可以线上购买或者做线下体验。教师及时收集反馈指导创业团队。现场销售体验用时两节课，线上销售宣传约两周时间 | 圆钉微信公众号、微博、AppUMU等推送进行宣传、现场学习观摩、交流、评价等 | 1.教师与学生、学生与学生之间保持有效互动<br>2.为学生的主动建构提供学习材料、时间及空间上的保障<br>3.引导学生进行反思；能把不同的学科知识联系起来，运用已有的知识技能分析、解决经济问题<br>4.培育初步的探究与创新精神和"互联网+"思维等 |
| 活动反馈小结 | 学生撰写活动小结，盘点商品，核算经济效益，老师对学生的小结进行点评。用两节课时间进行分享交流 | 圆钉微信公众号、微博、AppUMU等核算利润，家长、老师、社会多方进行评价等。将学生的活动情况通过学习平台反馈给家长 | 将形成性评价与终结性评价结合，定性评价与定量评价结合，静态评价与动态评价互补。通过评价的激励、导向、反馈功能，实现对学生的全面评价。通过评价，促进学生生动、活泼、积极、主动地学习，促进学生全面而有个性地发展 |

## 【教学反思】

### 1. 促使学生深度学习

财商实践混合式教学模式形式上是线上学习和线下教学方式的混合，但其更深层次是学生主体参与、教师主导活动的混合，以实现最理想的教学效果。主要以建构主义和掌握学习理论为指导，综合利用现代教育技术和多种教学方法，先通过网络探究自学再实践的模式更符合人类的认知规律，对激发学生的情感体验、促进主动学习以及对学生知识的建构等方面有着非常重要的作用。并且可以根据数学和经济学课程的特点做到"学用结合"，将抽象的函数和经济效益理论知识与课下的活动结合起来，达到更好的学习与应用的目的，这在一定程度上克服了传统教学知识覆盖面窄的问题，学生可以有效利用各个知识来源渠道完成知识的整合和自我构建。

### 2. 创设新型的教学方式

智慧课堂和实践活动都具有开放性、综合性的特点，两者的结合使教学方式由以教师为中心转向以学生为主体。因此改变了教师在传统教学中知识的传授者、知识的权威者、过程的设计者、流程的控制者、结果的评定者的角色。学生也不再是被动地接受知识，而是在问题解决的过程中，树立学生的主体意识、创新意识和科学意识，发展其个性特长。教学流程从"先教后学"到"先学后教""以学定教"，实施分层教学，通过微课、分组讨论、精讲点评等方式，组织更加个性化的课堂。依据知识构建的需要，采取模拟商品交易会合作探究的学习方式，协作群组通过平台获取丰富的学习资源和信息动态，就某个问题开展深入的互动交流和探究，有利于实现对所学知识的意义建构。这也为学生创造了反思性的、自主合作探究的学习情境和问题情境，探究活动激发了学生的学习经济和数学的欲望，这也便于师生随时了解活动的程序，了解有关信息材料，建立研究性的档案，开辟生生之间、师生之间交流和互访的园地。

### 3. 资源的整合需要团队的配合和学校的支持

本活动的实施需要整合多种网络资源、人力资源，需要学习指导团队（包括企业顾问、大学教授、中学教师等）的配合和学校的支持，才能更顺利地开展活动，达成活动的目标。

# 第六节　跨学科项目式教学案例二

广东实验中学越秀学校　杨雪梅　竺　琳

## 【案例概述】

表6-6-1　"明日世界由我创——3D打印创意课"案例概述

| 课名 | 明日世界由我创——3D打印创意课 | 授课班级 | 高一校本选修班 |
|---|---|---|---|
| 学科 | 自编创客校本课程 | 授课学时 | 4课时 |
| 案例特色 | 通过项目式学习，学习了解建筑规划设计，制定竞标书及3D建模表达设计意图。在学习过程中能充分利用资源，提高小组合作效率 | | |
| 学习目标和核心知识 | （1）本课通过小组讨论交流，制订设计方案，使学生掌握设计方案的撰写方法（语文），培养学生工程思维和团队合作意识<br>（2）学习建筑设计的形式美，了解什么样的建筑符合当代城市美感，让自己的作品受到大家的喜爱（美术）<br>（3）利用方案竞标形式，培养学生将自己的想法和方案用恰当的方法表达出来，并与他人进行交流，锻炼学生的逻辑思维和演讲能力，培养学生的竞争意识<br>（4）在3D建模阶段使学生掌握3D建模软件操作技术，利用微课、资源包、3Done网络社区培养学生按需自学能力（信息技术）<br>（5）通过对3D模型切片打印，表面装饰与美工，培养学生的动手物化能力（通用技术）<br>总之，本课程关注学生从产生创意到作品产出的全过程，让思维有型，让创意可见 | | |
| 学习者分析 | 本班学生已经初步学习了三维设计软件（3Done）的操作要领，了解了3D打印的流程。但其创意设计潜能还不能很好地发挥出来，采用项目式教学的方式，要给予学生充分的讨论时间，又不能放任学生天马行空，对项目的主题把握应引导学生发散及收敛思维并用，尤其是授课方式，注重以学生为主体，教师为主导 | | |

续 表

| 课名 | 明日世界由我创——3D 打印创意课 | 授课班级 | 高一校本选修班 |
|---|---|---|---|
| 学科 | 自编创客校本课程 | 授课学时 | 4课时 |
| 学习者分析 | 本节学习的重点不在于学生掌握哪种设计手法或技术手段，而在于充分利用一切资源与有效的小组讨论，让别人了解自己的设计思想，能否准确、简洁地表达自己的设计，捕捉有用的技术信息 | | |
| 驱动性问题 | 1.本质问题<br>小区建筑规划设计应当注重的几个方面：<br>（1）功能性（方便、适用）——综合<br>（2）结构性（空间布局、力学结构）——数学、物理<br>（3）美观性（人文、艺术）——美术<br>竞标方案应具备：<br>（1）文本写作——语文<br>（2）设计图、模型设计制作——信息技术、美术<br>（3）成本预算——数学<br>2.驱动性问题<br>（1）如何能将标书写得清晰、简洁、易于理解<br>（2）小区需要哪些功能设施<br>（3）如何让建筑、环境更美观<br>（4）小区的平面、立体空间如何利用<br>（5）如何进行资源利用 | | |
| 成果与评价 | 个人成果：局部建筑设计图、说明书 | 评价的知识和能力：<br>（1）建模完整<br>（2）说明书清晰明确<br>（3）结构合理<br>（4）外观美观<br>（5）符合功能使用 | |
| | 团队成果：标书、设计图 | 评价的知识和能力：<br>（1）应用文写作格式是否正确<br>（2）条理是否清晰<br>（3）整体布局设计是否合理 | |
| | 公开方式：网络发布（√）成果展（√）张贴（√） | 评价的知识和能力：发布信息的能力<br>设计的合理、新颖、美观性 | |

续 表

| 课名 | 明日世界由我创——3D打印创意课 | 授课班级 | 高一校本选修班 |
|---|---|---|---|
| 学科 | 自编创客校本课程 | 授课学时 | 4课时 |
| 教学策略 | 通过项目式学习，使学生在确定项目之后通过网络自主进行信息收集，学习相关的知识，设计初稿。在合作学习中学会互相交流统整规划作业的能力，并在网络平台上发布作业进行自评互评 | | |
| 信息化环境（平台、工具、资源等） | （文字或截图）<br>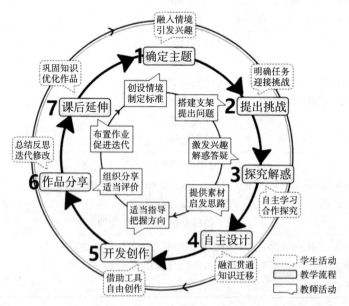 | | |

**【教学流程】**

图6-6-1 "明日世界由我创——3D打印创意课"教学流程

## 【教学过程】

表6-6-2 "明日世界由我创——3D打印创意课"教学过程

| 项目环节 | 学习实践活动与评价 | 信息技术运用 | 设计意图 |
|---|---|---|---|
| 第一阶段：方案设计（一） | 1.情境、问题导入<br>观看3D小区视频，引导学生思考："你心目中的小区是怎样的？拥有哪些设施？"<br>2.课程说明<br>教师公布设计主题：共建"未来小区"，并且简单说明本节课的任务和奖励机制 | （1）剪辑视频成符合本课教学效能的视频资源<br>（2）运用一体机播放多媒体课件，让学生从听觉和视觉两个感官方面影响学生，学生的关注点一下子就被抓住了，营造了很好的学习氛围，为课堂发展打下了良好的基础 | 情境导入 |
| 第一阶段：方案设计（二） | 1.发布项目<br>教师向学生展示项目<br>2.研讨<br>给予学生时间讨论该组想要竞标哪个项目时间。在学生讨论的过程中，教师应该适当巡堂，观察学生所选项目，如果学生集中选择某个项目，教师可以适当语言引导<br>3.建筑是凝固的音乐<br>（1）建筑设计的实用性与外观美感相结合的设计思想<br>（2）学习比例与韵律在建筑中的应用<br>（3）通过教师给出的建筑设计范例，引导分析设计美感风格。了解各种不同文化与建筑美感的影响<br>4.实践活动<br>（1）在网上搜索找出自己喜爱的建筑风格，讨论分析其设计美感，设计意图<br>（2）小组讨论，构思如何设计<br>（3）思考自己的竞标优势 | （1）项目列表<br>（2）讨论模板<br>（3）可上网的平板<br>（4）自学小册<br>具有不受时间、空间限制的再现性和灵活变化的可控性；大幅度地增加课堂教学中信息的输入量，强有力地提高教学效率 | 通过项目发布，学习研讨如何使自己的作品具有竞争优势 |

续 表

| 项目环节 | 学习实践活动与评价 | 信息技术运用 | 设计意图 |
|---|---|---|---|
| 第一阶段：方案设计（三） | 1.自主设计<br>教师组织学生对竞标到的项目开展方案设计<br>2.实践活动<br>（1）方案设计<br>（2）草图绘画 | （1）方案设计模板<br>（2）铅笔、签字笔、橡皮<br>（3）平板电脑（安装office）<br>给学生传统、信息技术两种选择，让学生从传统纸笔平稳过渡到电子信息时代 | 方案设计 |
| 第一阶段：方案设计（四） | 1.项目竞标<br>教师组织学生竞标项目：按照项目列表的顺序逐一竞标。每个小组限时2分钟说出竞标优势和理念，其余小组限时1分钟对竞标组提问或提要求<br>2.投票<br>全班投票，选择中标小组。中标的小组下节课就直接开始3D建模<br>3.实践活动<br>（1）学生用平板拍下设计方案<br>（2）投票最喜欢的方案 | （1）平板<br>（2）记录表（用于记录别人的观点和写下自己的问题）<br>（3）实物投影、一体机<br>给学生传统、信息技术两种选择，让学生从传统纸笔平稳过渡到电子信息时代 | 项目竞标 |
| 第二阶段：竞标方案调查探索再设计（一） | 1.课程回顾<br>观看课程回顾视频<br>2.课程说明<br>教师说明上节课的课程情况及本节课的大致课程安排，布置学生根据每份竞标书的反馈修改竞标书，并再次强调奖励机制 | （1）课程回顾视频评价量表<br>（2）电子版竞标书奖励机制<br>（3）配备投影仪及教学平台的网络电脑教室（配备3Done） | 情境导入 |
| 第二阶段：竞标方案调查探索再设计（二） | 1.交流活动<br>组织各小组选出小组"外交官"，并且指定"外交官"去到下一个小组当中；引导学生可以选出一个人"交涉"，其余完成方案修改<br>2.外部研讨<br>加入"外交官"的新小组展开讨论，小组成员向"外交官"介绍自己的项目，"外交官"可以在10分钟内与其交流讨论，甚至提出问题与要求 | 竞标书 | 交流讨论 |

| 项目环节 | 学习实践活动与评价 | 信息技术运用 | 设计意图 |
|---|---|---|---|
| 第二阶段：竞标方案调查探索再设计（三） | 1.内部讨论<br>组织"外交官"回到自己小组，并向小组成员描述<br>2.推进修改<br>教师巡堂、督促、推进小组完成竞标书的修改 | 竞标书 | 修改方案 |
| 第三阶段：3D建模（一） | 1.模型设计<br>组织同学借助微课、资源包及网络资源展开模型设计<br>2.推进设计<br>教师巡堂，帮助小组解决问题和推进设计 | 1.微课<br>2.资源包（包含3D模型素材包）<br>3.3Done网络社区<br>具有不受时间、空间限制的再现性和灵活变化的可控性；大幅度地增加课堂教学中信息的输入量，强有力地提高教学效率 | 自主建模 |
| | 教师发放小纸条，让学生匿名写下组别和该组当天的最佳组员名字并上交 | | 组内评价 |
| 第三阶段：3D建模（二） | 1.模型设计<br>（1）发现问题，集中讲解设计中的对称和不对称<br>（2）镜像、阵列、移动命令的操作应用<br>2.推进设计<br>教师巡堂，帮助小组解决问题和推进设计<br>下课之前需要上交：<br>（1）3D模型终稿截图（电子表格在×××中）<br>（2）3D模型源文件<br>上交的文件名均命名为"3D模型初稿—姓名—作品名"，如"3D模型初稿—张三—住宅楼1" | 1.微课<br>2.资源包（包含3D模型素材包）<br>3.3Done网络社区<br>具有不受时间、空间限制的再现性和灵活变化的可控性；大幅度地增加课堂教学中信息的输入量，强有力地提高教学效率 | 分工合作建模 |

| 项目环节 | 学习实践活动与评价 | 信息技术运用 | 设计意图 |
|---|---|---|---|
| 第三阶段：<br>3D建模<br>（三） | 提示作品组装完善<br>下课之前需要上交：<br>（1）小组3D模型源文件，上交的文件命名为"第×小组—作品名"，如"第1小组—海空小城"<br>（2）汇报模板 | （1）微课<br>（2）资源包（包含3D模型素材包）<br>（3）3Done网络社区 | 作品组装完善 |
| 第四阶段：<br>作品分享、<br>多元评价 | 教师展示从绘制草图—设计初稿—完成终稿的照片，点评鼓励学生创作 | 一体机 | 成果回顾 |
| | 公布展示汇报规则：<br>（1）抽签决定上台顺序，每组派一位<br>（2）代表上台，限时3分钟 | 一体机 | 小组汇报 |
| | 投票及颁奖：<br>（1）全班同学在小纸条上写下你认为最优秀的两组作品，第一名得4分，第二名得3.5分，以此类推<br>（2）竞标书得分*0.3+小组模型得分*0.7+全班票选得分=总分 | （1）一体机<br>（2）投影设备<br>（3）平板电脑<br>（4）3D打印作品 | 全班票选 |
| 第五阶段：<br>课后物化 | （1）教师以邮件或者QQ的形式解答学生疑惑，提出反馈意见<br>（2）通过创客社团组织开展活动，及时公布相关赛项 | （1）邮件、QQ<br>（2）创客社团<br>（3）学创中心 | 开发物化创意 |

**【教学反思】**

结合课堂观察及对助教、学生的访谈发现，在第一阶段学生对于本课程有较高的兴趣，课堂气氛活跃，并且能够借助平板电脑、网络资源、自学手册进行自学，能够主动地借助信息技术的手段来拓展思维。小组自由学习的形式给了学生更多的发挥空间，让学生有充裕的时间去发散思维、开发创造。在第二、三阶段学生仍然保持较高的学习积极性，课堂气氛较活跃，并且有更多的学生能够主动借助微课、资料包、网络资源进行自学。学生之间形成良好的交流、互学氛围，能够主动地借助教师所提供的资源及网络展开小组合作探究。在第四、五阶段作品分享物化环节，课堂气氛较为活跃，学生对给他人的作品评价打分表现出较高的热情。

需改进的地方：个别小组学生没有充分利用平板电脑内的资源及网络资源辅助方案的设计，该班级学生先前没有接触过借助平板电脑教学的课程，因此对利用平板电脑访问及搜索网络资源较为陌生。在学生开发设计阶段，教师可提醒学生借助信息技术手段辅助任务的完成。3D建模阶段，教师无法兼顾多个学生同时提问，该阶段的挑战任务难度较大，同时学生在平时的学习当中习惯依赖教师帮助，教师提供微课、资料包、3Done创客社区资源，在课程开始前及学习过程中，强调组长的重要性，发挥小组内部成员互助作用。

# 第七节　学科单元项目化教学案例

广州市增城区荔城中学　陈应妮

## 【案例概述】

表6-7-1　"Healthy Eating"案例概述

| 课名 | Healthy Eating | 授课班级 | 高一年级 |
|---|---|---|---|
| 学科 | 英语、综合实践 | 授课学时 | 一个星期 |
| 案例特色 | 本项目活动以人教版模块三第二单元"健康饮食"为依托，围绕健康饮食展开探究式学习。健康饮食主要包括美食饮料、饮食营养、饮食烹饪、饮食文化等内容。学生在教师的指导下，自主、合作探究健康的生活方式，体验、交流、比较中西饮食文化，将语言学习、思维发展、文化感知和学习能力发展融入项目活动的全过程。本项目学习活动分为四个阶段：语言准备、了解健康饮食和饮食文化、体验饮食文化和对比中西饮食文化。在这四个阶段的项目活动中，学生以小组为单位，学习整理与饮食相关的词汇，收集并阅读与饮食、菜谱、中西饮食文化的对比报告，不仅提高了语言能力，培养了对文化差异的尊重态度；还能通过分析和比较中西饮食文化的差异，形成自己的看法，促进了思维品质的提升。最后，学生通过网络查询相关信息，参与合作探究，完成项目任务，提高了学习能力 | | |
| 学习目标和核心知识 | 学生通过参与项目活动，能够：<br>（1）开展词汇分类探究活动，介绍生活中常见的食品饮料及烹饪方法<br>（2）自主探究制定健康菜谱，学会健康饮食及搭配<br>（3）独立完成烹饪任务、学习烹饪方式及技巧，提高独立生活能力<br>（4）制作关于饮食的微视频，加深对课文的理解，传播健康的饮食观念和积极的生活方式<br>（5）举办食品节，体验中西饮食文化的差异，分享快乐 | | |

续　表

| 课名 | Healthy Eating | 授课班级 | 高一年级 |
|---|---|---|---|
| 学科 | 英语、综合实践 | 授课学时 | 一个星期 |

| 学习者分析 | 授课班级是普通班，学生通过学习主题单元中两个不同风格、经营的不同菜肴以及顾客对不同食品的不同反应，反映现代人对美食的关注和对时尚的追求。由于文本有别于惯常所采用的分类说明的介绍方式，读起来引人入胜，学生在趣味盎然的故事情节中轻松学习健康饮食的知识，领悟膳食平衡对身体健康的作用。教材中只提供了一些关于饮食的名称的词汇，但零碎分散，不够系统完整，因此学生需要通过参与与实际生活密切相关的项目学习活动，补充和丰富生活中常见的饮食知识与文化，并在任务驱动下，经过一系列过程，充分调动生活经验和学科知识，获得知识的重构和实践运用能力，从而达到提升学生学科核心素养的目标 |
|---|---|
| 驱动性问题 | 随着社会的发展，人们对饮食的需求更高了，菜式越来越丰富，吃法也是越来越多样，而往往很多时候，人们忽略了饮食的健康，只是盲目地吃饭，也并不知道什么样的饮食才叫健康，对身体有好处。如何健康饮食，怎样的饮食才算健康，中西饮食文化的差异有哪些 |

| 成果与评价 | 个人成果：海报/思维导图/自制食物 | 评价的知识和能力：利用信息技术和信息资源收集与话题相关的词汇及烹饪方法 |
|---|---|---|
| | 团队成果：微视频/中英文菜谱 | 评价的知识和能力：小组合作将课文故事改编为剧本或进行创作，完成微视频的制作，并合作按照中西餐的习俗设计一份菜谱 |
| | 公开方式：网络发布（√）成果展（√）张贴（√） | 评价的知识和能力：小组合作整理活动记录及相关资料，完成中西饮食文化的对比分析报告 |

| 教学策略 | 基于智慧课堂终端，将线上学习与传统课堂教学线上线下实现有机融合，在兼顾低阶认知目标的基础上，促进高阶认知目标的达成 |
|---|---|
| 信息化环境（平台、工具、资源等） | 智慧课堂系统的使用：<br>（1）搭建学生学习平台，通过信息化平台创设适当有效的教学情境是引发学生主动思维并促进学生持续深入探究的关键<br>（2）组建活动组群，便于学生开展小组合作学习，完成项目协作，分享活动经验<br>（3）设计活动评价，完成问卷调查和有关数据统计，用于评价教学目标的达成程度 |

**【教学流程】**

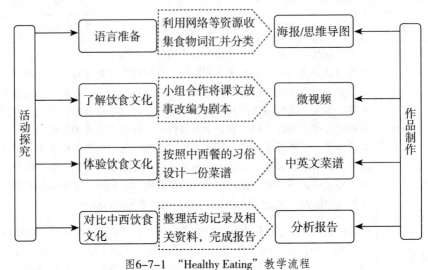

图6-7-1 "Healthy Eating" 教学流程

**【教学过程】**

表6-7-2 "Healthy Eating" 教学过程

| 项目环节 | 学习实践活动与评价 | 信息技术运用 | 设计意图 |
|---|---|---|---|
| 第一阶段：语言准备 | （1）学生利用教材、网络平台等资源收集有关食物名称和烹饪方法的词汇<br>（2）学生对收集的词汇进行分类，并制作思维导图，在全班展示分享<br>（3）以小组为单位开展猜单词游戏，检验学生对词汇意义的理解 | 运用现代信息技术建构混合式环境，呈现合作探究任务，并明确任务。借助畅言智慧课堂终端了解学生项目学习的完成情况并适当推送相关资源到班级空间 | 让学生熟悉话题和话题词汇 |
| 第二阶段：了解健康饮食和饮食文化 | （1）全班学生四人一组自主选择将课文故事改编为剧本或进行创作<br>（2）完成微视频的制作<br>（3）学生观看微视频，了解健康饮食和中西饮食文化的特点 | 学生借助畅言智慧课堂系统班级空间相互讨论、学习，并借助手机上的抖音App拍摄食物制作过程，然后在班级微信群或班级空间分享 | 学生通过微视频的制作，加深对课文的理解，宣传健康的饮食文化 |

| 项目环节 | 学习实践活动与评价 | 信息技术运用 | 设计意图 |
|---|---|---|---|
| 第三阶段：体验饮食文化 | （1）全班学生四人一组自主选择中餐或西餐，按照中西餐的习俗设计一份菜谱<br>（2）用英语写出菜谱的内容及菜品特点<br>（3）小组成员在家独立完成食物制作，并以最好的照片或抖音的方式记录制作过程<br>（4）以小组为单位在课上介绍小组菜谱及菜品的制作过程 | 学生借助畅言智慧课堂系统班级空间相互讨论、学习，并借助手机上的抖音App拍摄食物制作过程，然后在班级微信群或班级空间分享 | 学生设计菜谱，介绍中西餐，比较中西饮食文化的差异 |
| 第四阶段：对比中西饮食文化 | （1）学生整理活动记录及相关资料，完成中西饮食文化的对比分析报告<br>（2）以小组为单位展示分析报告 | 学生借助班级微信群或班级空间相互讨论、学习并分享作品 | 学生完成中西饮食文化的对比分析报告 |

**【教学反思】**

《普通高中英语课程标准（2017年版）》明确指出，教师要学习和利用网络提供的实时、个性化学习资源，为学生搭建自主学习平台，帮助学生拓宽学习渠道，深化信息技术与英语学科的整合。然而，信息技术与英语学科的整合面临着教学时间有限，无法完成技术支持的探究研讨活动这一问题。为此，笔者尝试基于项目学习的学习方法，让学生在项目驱动下，经过一系列过程，充分调动生活经验和学科知识，获得知识的重构和实践运用能力，同时获得操控教学时空资源的较大自由，解决以往单课时、单课文设计的不足，从而优化信息技术与英语学科的整合。教师根据学生现有的知识经验和能力水平，首先确定几个不同层次的任务并制订计划，包括学习阶段、学习目标和学习活动；然后引导学生进行活动探究阶段，这一阶段是主题单元教学的核心，学生的大部分知识和技能学习是在这一过程完成的，并运用获得的知识和技能来完成作品的制作；在作品制作出来之后，各个学习小组要相互进行交流，交流学习过程中的经验和体会，并且分享作品制作的成功和喜悦；最后是活动评价，主要是在信息化环境下基于学生表现和学习过程进行的评价，更加关注学习资源与学习过程，并强调学生对习得的知识与技能的运用，重视学生的能力变化。在实践中，本节课在实际的教学过程中对于改善教学效果、提升学生的学习质量具有明显的效果，具体表现在以下几个方面。

**1. 实践主题单元活动探究，促进学科核心素养的形成**

活动是英语学习的基本形式，是学生学习和尝试运用语言理解与表达意义、培养文化意识、发展多元思维、形成学习能力的主要途径。因此，在实践主题单元活动探究过程中，教师需要整合课程的六要素，以主题为引领、以语篇为依托，将语言知识学习、文化内涵理解、语言技能发展和学习策略运用融合在学习理解、应用实践和迁移创新三类相互关联的语言与思维活动中。同时要有机融入语言知识学习、语言技能运用、学习策略应用、思维品质发展和文化意识培养，帮助学生积极主动地参与探究主题意义的学习活动，学会运用所学语言分析问题和解决问题，达到发展英语学科核心素养的目标。

**2. 充分利用现代信息技术，拓宽学习和运用英语的渠道**

现代信息技术不仅为英语提供了多模态的手段、平台和空间，还提供了丰富的资源和跨时空的语言学习机会与使用机会。因此，在主题单元活动探究过程中，教师要努力营造信息化教学环境，学习和利用网络提供的实时、个性学习资源，为学生搭建英语学习平台、师生教学互动共同体，帮助学生拓宽学习渠道，引导学生开展主动、个性化的探究活动，实现深度学习。同时教师应给予学生充分的指导，让学生根据自己的学习需求和认知兴趣，自主选择和利用网络资源，多渠道、多方式完成语言实践活动。

**3. 突出学生为主体的评价，促进学生的发展与成长**

学生既是学习的主体，也和教师一样同为评价的主体。评价目标和标准的确定、评价内容和方式的选择等应以促进学生的英语学科核心素养发展为指向，应符合学生的心理和认知特点，任务情境和活动内容应为学生所熟悉，并为学生提供充分的展示机会。因此，教师要以英语学科核心素养为导向，以制定主题单元学习目标作为评价标准，根据活动内容与学生共同设计形式多样的评价活动，对学生活动探究过程中的表现、所取得的成效及英语学科核心素养发展随时并频繁地进行评价，并且视活动的进展程度和学生表现等情况随时进行动态调整，鼓励学生积极开展自评和互评活动，从评价的接受者转变为评价活动的主体和积极参与者，及时有效地调控自己的学习进程并从中获得成就感和自信心。相关评价量表见表6-7-3、表6-7-4、表6-7-5。

表6-7-3　学习效果的评价参照标准

| 评价内容 | 结果 | 自评 | 他评 | 师评 |
|---|---|---|---|---|
| （1）介绍生活中常见的食品饮料 | A.优秀　B.良好　C.一般 | | | |
| （2）制定健康菜谱 | A.优秀　B.良好　C.一般 | | | |
| （3）独立完成烹饪任务 | A.优秀　B.良好　C.一般 | | | |
| （4）制作关于主题单元的作品 | A.优秀　B.良好　C.一般 | | | |
| （5）学会健康饮食和搭配 | A.优秀　B.良好　C.一般 | | | |
| （6）说出中西饮食文化的特点 | A.优秀　B.良好　C.一般 | | | |
| 说明：请把结果栏中的选项填到相应的栏上，A=10分，B=6分，C=2分 | | | | |

表6-7-4　活动过程的评价参照标准

| 评价内容 | 结果 |
|---|---|
| （1）有没有利用网络搜索资源 | A.有，且经常　B.有，但较少　C.没有 |
| （2）是否有活动记录 | A.有，且详细　B.有，不详细　C.没有 |
| （3）小组成员之间是否经常交流讨论 | A.有，且详细　B.有，不详细　C.没有 |
| （4）资料收集情况 | A.优秀　B.一般　C.较差 |
| （5）探究所采用的信息技术情况怎样 | A.经常采用　B.少采用　C.不采用 |
| （6）活动是否有一定的心得体会 | A.每次都有　B.有，但较少　C.没有 |
| （7）活动是否积极主动地按时按计划进行 | A.是　B.一般　C.没有 |
| 说明：请在结果栏相应选项前的标号上画"√"，A=10分，B=6分，C=2分 | |

表6-7-5　成果质量的评价参照标准

| 评价内容 | 结果 |
|---|---|
| （1）成果的表现形式怎样 | A.优秀　B.一般　C.较差 |
| （2）是否达到预期的成果 | A.完全达到　B.基本达到　C.没有达到 |
| （3）资料是否完整 | A.完整　B.较完整　C.不完整 |
| （4）成果的信息技术运用情况怎样 | A.良好　B.一般　C.较差 |
| （5）成果的实用性怎样 | A.良好　B.一般　C.较差 |
| （6）成果的创新性如何 | A.创新较强　B.少量创新　C.没创新 |
| 说明：请在结果栏相应选项前的标号上画"√"，A=10分，B=6分，C=2分 | |

混合式深度教学为我们探索走向智能时代的中小学教学打开了一扇窗。一线教师如何深入理解掌握混合式深度教学的方法、途径和运用规律？如何根据教学实际，科学、有效、创造性地设计实施混合式深度教学？最好的方法之一就是开展行动研究，在教学实践中进行研究，在研究中改进教学，进而获得教学智慧。教学研究可以使教师通过现象观察、数据分析、经验感悟、规律总结、实践探索，对混合式深度教学的目标和要求、内容和组织、方法和手段获得新的认识、新的突破，从而达到不断优化教学和提升自身专业水平之目标。本章的6篇研究论文是作者工作室6名成员结合各自任教的学科，围绕在教学中遇到的问题和困惑，开展混合式深度教学实践探索的初步研究成果。

# 第七章　混合式深度教学应用研究

# 第一节　基于3A课堂的高中英语混合式教学设计与实践研究

广州市增城区荔城中学　陈应妮

随着信息技术的发展，现代远程教育在线学习不仅改变着学生的学习方式，成为学生构建学习体系的重要手段，而且突破了传统的教育模式，成为知识经济时代的一种新型教育形态。混合式教学是把传统学习方式的优势和E-Learning（即数字化或网络化学习）的优势结合起来，它强调在恰当的时间应用合适的学习技术达到最好的学习目标。2015年广东省教研院以英语学科作为切入点，以"和教育"及"口语易平台"作为支撑，开展"自主学习、自我检测、自动评价"3A教学体系构建，带动了英语教学模式创新。同时《普通高中英语课程标准（2017年版）》明确指出，教师要学习和利用网络提供的基于个性化学习资源，为学生搭建自主学习平台，帮助学生拓宽学习渠道，深化信息技术与英语学科的整合。因此，笔者尝试借助互联网和IT技术，通过"自主学习—自我检测—自动评价"的3A教学方法进行英语混合式教学设计，有效地处理单元内容之间的共性与个性问题，将分散的内容进行有意义地组织，同时获得操控教学时空资源的较大自由，解决以往单课时、单课文设计的不足，从而实现信息技术与英语教学的融合。

## 一、基于3A课堂的英语混合式教学设计

基于3A课堂的英语混合式教学模式由五个基本要素构成，即理论依据、现实条件、教学目标、教学程序和教学评价。基于对这些要素的分析与解构，具

体设计如图7-1-1所示。

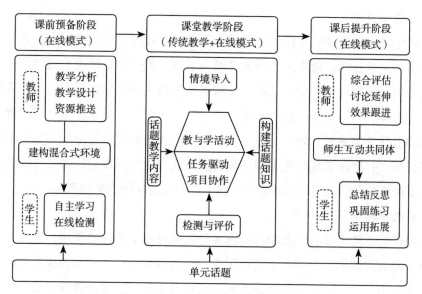

图7-1-1　基于3A课堂的英语混合式教学模式

### 1. 理论依据

建构主义学习理论认为，知识的建构来源于活动，而知识存在于活动之中，教师不能依照所经历的情境去解释意义，而应该创设情境让学生体验，从而获得知识。因此，它强调创设学习情境让学生运用已有的知识经验重构知识；注重以学生为中心，注重合作互动的学习方式，让学生在相互的交流和对话中提出不同看法以刺激个体反省思考，建构新知识；尊重个体差异，让学生在互动协调中达成共识，共同建构知识的意义。该模式是在建构主义学习理论和对在线学习的理性反思的基础上对信息化教学模式的重构，把传统教学方式的优势和在线学习的优势结合起来，充分实现学习环境的混合、学习资源的混合、学习方式的混合，进而实现有效的教学。

### 2. 现实条件

在现代信息技术支持下，以集教育教学、数字化资源、平板技术、大数据分析、教育云空间于一体的智慧课堂为师生构建了一个高效的智能化学习环境。对于在线平台或线上学习来说，其功能主要体现在多种教学资源的整合及丰富的教学互动和管理方面。智慧课堂的引进能实现各种数字化教育资源的集成和发布，多种教学互动方式、教学测评和网络考试等，它为教师的教学模式创新、学生的个性化及自主学习、课程资源共享等提供了良好的技术支持。

### 3. 教学目标

教学目标是教学设计的关键要素，是教学实践的重要环节，也是教学的基本导向和最终目的。该模式以单元话题为引领，整合与话题相关的语言知识、文化知识、语言技能和学习策略，并根据学生的实际水平和学习需求，确定教学重点与难点，提炼核心素养要素，通过设计在线学习活动任务和组织课堂教学活动引导学生感知、理解、内化与运用，达成单元教学目标和实现学科核心素养目标。它重在实现学生知识获取与应用能力的协同发展，通过在线学习的支持及课堂教学活动组织来培养学生自主学习与协作能力的提升。

### 4. 教学程序

现代信息技术使教学和学习的内涵与范围都有了极大的扩展，即教学不再局限于传统的课堂，学习也不再局限于传统的课程资料，因此该模式的教学活动主要分为三个阶段：课前准备阶段、课堂教学阶段、课后提升阶段；重在借助信息技术引导学生在"自主学习—自我检测—自动评价"中体验知识的发现和创造过程。教师通过信息技术创设丰富的教学情境，引导学生主动探索，并及时进行信息的反馈与交流、学习效果的检测等，在教学中始终关注着学生的学习情况并适时给予指导。通过学习理解、应用实践、迁移创新等一系列的活动引导、协助学生发现并创造知识，同时对学生进行及时评价，鼓励学生在与他人的互动中获得语言知识和文化知识，并逐步落实英语学科核心素养目标。

### 5. 教学评价

该模式的教学评价是根据教学目的，运用一切可行的评价技术手段，对教学活动的过程及其结果进行测定、衡量并予以价值判断的过程。信息化教学评价是在信息化环境下基于学生表现和学习过程进行的评价，目的是衡量学生的表现与教学目标之间的差距，进而及时调整和改进教学目标设计，并引导学生根据评价对学习活动做出调整和改进，使学习活动和任务达到预期的学习结果。该模式的教学评价设计需要实施多种评价相结合的方法，尤其重视过程性评价，如课堂中学生参与学习活动的情况和表现，学生的课堂形成性练习及课后学生的单元作品等都是评价的内容。

## 二、基于3A课堂的英语混合式教学实践

自2017年秋季开始，笔者所在学校引进了智慧课堂平板技术并已在基础年级进行实验，为此，笔者尝试基于3A课堂开展了英语混合式教学实践，多种教学资源的整合、丰富的教学互动方式和教学测评为教师的教学模式创新、学生的个性化及自主学习、课程资源共享等提供了良好的技术支持。下面以人教版模块五第一单元"John Snow Defeats'King Cholera'"阅读语篇为例，阐述基于3A课堂的英语混合式教学实践。

### （一）课前准备阶段

课前准备阶段主要运用线上模式，学生利用线上资源进行学习。教师的主要活动包括对阅读语篇"John Snow Defeats'King Cholera'"进行教学目标设计和资源设计。按照科学研究的步骤和时间顺序展开，介绍英国的医学科学家John Snow如何战胜霍乱，其价值取向在于学生能通过本文的学习，体会到John Snow在霍乱防治领域做出的突出贡献和他作为杰出科学家正直的人品与科学严谨的态度。因此设计教学目标，如获取、梳理文中有关John Snow本人和他调查并阻止霍乱蔓延的事实性信息及概括、整合、阐述John Snow为阻止霍乱蔓延所采取的研究步骤等；与此同时，课前教师运用现代信息技术建构混合式环境，根据学生的实际情况和需要设计课件与制作微视频，并推送至学生学习空间。学生的主要活动是观看视频，了解和熟知预设的学习内容并进行自主学习，对基础知识有一定认识，有利于课堂教学活动的顺利开展。

### （二）课堂教学阶段

课堂教学阶段是整个教学模式的中心环节，主要开展传统教学与在线模式的教学活动。在教学过程中实施"创设情境—任务驱动—教学评价"等主要的教学活动和教学环节。

#### 1. 创设情境，引出主题

创设教学情境是课堂生活化的基本途径。创设教学情境是以知识为依据，以充满思维含量的问题为载体，以让学生充分获得情感体验为追求。情境中的问题要具备目的性、适应性和新颖性。在进行阅读语篇"John Snow Defeats'King Cholera'"的教学过程中，教师利用信息技术创设情境导入主题，如让学生观看关于2013年海地暴发霍乱的视频或展示160年前伦敦暴发霍乱

疫情的照片，了解霍乱的主要症状并让学生分享他们对霍乱的理解和感受等，激活学生已有的关于解决问题的认知和经验。

### 2. 任务驱动，项目协作

在开展阅读语篇"John Snow Defeats 'King Cholera'"的教学活动中，主要以任务为载体，设计活动任务，如运用face the challenge、multiply、suspect、foresee、supporting evidence、certainty等词语描述John Snow战胜霍乱的过程，或参考John Snow战胜霍乱的研究经历，结合现代科技发展，以小组为单位完成一个研究项目的设计，写出设计方案：Find a problem in your daily life and work out a series of steps to investigate into the problem等，先从学生的已知出发，引导学生探究这一过程的事实性信息，进而梳理、整合科学家分析问题和解决问题的步骤方法，并形成对开展科学研究所需要的重要品质和方法的感知与认识，最后总结归纳科学研究的过程和科学家精神，把语言知识学习、语言技能运用、思维品质发展和文化意识形成有机融入课程内容和教学活动中，落实英语学科核心素养的培养。

### 3. 自我检测，教学评价

为了检测学生的学习效果，学生在学完一个知识点、一个小节、一个单元或者一个学习任务后，在信息技术的支持下通过网络平台进行测试，与此同时进行信息化教学评价，系统及时、直观、客观地反馈学习者的优点与不足，以便迅速调整教学策略。信息化教学评价是一个进行中的、嵌入的过程，是整个教学不可分割的一部分，它是随时并频繁进行的。它尤其重视过程性评价，包括标准化评价和表现性评价。在完成阅读语篇"John Snow Defeats 'King Cholera'"的教学任务之后，其信息化教学评价如表7-1-1所示。

表7-1-1　信息化教学评价表

| 教学目标 | 标准化评价 | 表现性评价 | |
|---|---|---|---|
| | 选答反应 | 作品 | 行为表现 |
| 获取和梳理文中有关John Snow和他调查并阻止霍乱蔓延的事实性信息 | 是否运用信息技术查找、获取信息 | □思维导图<br>□创意日志<br>□书面表达 | 能否自主浏览网站链接 |
| | 梳理是否清晰 | | 能否展示有效信息 |

续 表

| 教学目标 | 标准化评价 | 表现性评价 | |
|---|---|---|---|
| | 选答反应 | 作品 | 行为表现 |
| 概括、整合、阐述John Snow为阻止霍乱蔓延所采取的研究步骤 | 话题知识的运用是否准确 | □思维导图<br>□研究日志<br>□书面复述 | 能否认真阅读语篇 |
| | 对科学研究是否有正确认识 | | 能否说出科学研究的步骤 |
| 推断John Snow作为科学家的优秀品质并举例论证 | 思维是否具有逻辑性、创新性 | □书面表达<br>□模拟采访<br>□思维导图 | 能否口头或书面表达 |
| | 语言表达是否清晰流畅 | | 能否自信、流畅地表达 |
| 以小组为单位完成一个研究项目的设计，并写出设计方案 | 是否有效开展合作学习 | □简洁清晰<br>□图文并茂<br>□创意表述 | 能使用所学语言知识和文化知识 |
| | 是否参考了所学语篇并有所创新 | | 能否进行自我评价与反思 |

### （三）课后提升阶段

针对课堂活动中任务完成情况的不同，学生在课后可以通过网络平台基于相应的资源进行学习提升。在课堂的任务活动中，由于学生的差异及课前学习基础的不同，任务的实施会出现不同的情况：一部分学生能较好、较快地完成任务，因此他们在课后可能通过拓展性资源进行深入学习；而另一部分学生需要在教师的指导和点拨下才能勉强完成任务，这些学生则在课后利用教师制作的教学微视频进行巩固学习。在进行阅读语篇"John Snow Defeats'King Cholera'"的教学过程中，笔者尝试借助Famous People-Quotes、Sayings、Thoughts、Phrases and Aphorisms等App软件，引导学生了解更多名人的信息，并通过名人名言去深入了解名人的思想，在此基础上利用网络互动平台，如微信群、QQ群等，建立师生互动共同体，通过互动平台，教师可以随时与学生进行沟通、指导，也可以推送网站链接让学生了解更多不同领域的科学家及他们的成就与贡献。

## 三、教学效果分析

在实践中，基于3A课堂的混合式教学对于改善教学效果、提升学生的学习质量具有明显的作用，具体表现在以下两个方面。

**1. 线上有资源，学生学习目的性明显增强**

该模式把传统课堂讲授的内容借助信息技术平台通过微视频上线的形式进行前移，学生的学习目的性明显增强，在课堂上教师的讲授更有针对性。笔者尝试结合本校学生的实际情况，编制了混合式教学的调查问卷，旨在了解学生混合式学习（即线上学习与线下学习相结合）的使用现状及意愿度。选取了某所高中高一、高二年级150名学生为样本，利用问卷星进行了无记名调查。调查问卷的部分数据分析如表7-1-2和图7-1-2所示。

表7-1-2　混合式教学调查表

| 名称 | 选项 | 频数 | 百分比（%） | 累积百分比（%） |
|---|---|---|---|---|
| 1.你线上学习的频率 | 经常 | 43 | 28.67 | 28.67 |
|  | 很少 | 35 | 23.33 | 52 |
|  | 偶尔 | 66 | 44 | 96 |
|  | 从未有过 | 6 | 4 | 100 |
| 2.你认为线上学习与传统课堂学习相比能提高学习效果吗 | 能够提高 | 55 | 36.67 | 36.67 |
|  | 一般 | 71 | 47.33 | 84 |
|  | 不能提高 | 11 | 7.33 | 91.33 |
|  | 不确定 | 13 | 8.67 | 100 |
| 3.你认为线上学习能提高你的学习效率吗 | 很能够 | 21 | 14 | 14 |
|  | 能够 | 75 | 50 | 64 |
|  | 一般 | 51 | 34 | 98 |
|  | 不能够 | 3 | 2 | 100 |
| 4.你愿意进行混合式学习吗 | 很愿意 | 45 | 30 | 30 |
|  | 愿意 | 65 | 43.33 | 73.33 |
|  | 基本愿意 | 37 | 24.67 | 98 |
|  | 不愿意 | 3 | 2 | 100 |

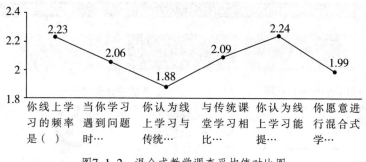

图7-1-2　混合式教学调查平均值对比图

从表7-1-2和图7-1-2可知，"你线上学习的频率是"中超过4成样本选择"偶尔"。"你认为线上学习与传统课堂学习相比能提高学习效果吗"中超过4成样本选择"一般"，还有约36.7%的样本为"能够提高"。从"你认为线上学习能提高你的学习效率吗"来看有超过5成的样本为"能够"，另外"一般"样本的比例为34.0%。从"你愿意进行混合式学习吗"分布上，大部分样本为"愿意"，比例为43.3%。

**2. 过程有评估，学生学习活动具有持续性**

信息技术平台在线测试是反馈学生学习效果的重要手段，通过这些反馈让教学活动更具有针对性，能及时检测教与学的效果。例如，在开展阅读语篇"John Snow Defeats 'King Cholera'"的教学活动中，借助信息技术平台及时了解学生对语篇的理解情况，如图7-1-3所示，然后进行针对性讲解，最大化地实现以评促学，以评促教。此外，线下经过老师的查漏补缺，重点突破之后，组织学生把在线学到的基础知识进行巩固与灵活应用，实现了一些更加高级的教学目标，让学生有更多的机会在认知层面参与学习。例如，根据阅读语篇"John Snow Defeats 'King Cholera'"的重难点和学生课堂学习情况的反馈，借助信息技术平台发布具有针对性的作业，如图7-1-4所示，教师根据学生完成作业的情况设计下一节课的重难点，或针对某些学生的薄弱点推送更多的相关资源，从而使个性化学习与深度学习成为可能。

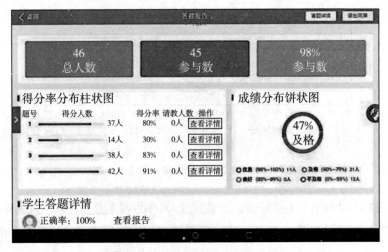

图7-1-3　学生课堂互动答题情况

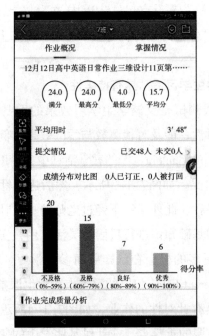

图7-1-4　学生课后作业情况

## 四、结语

英语混合式教学强调在恰当的时间运用现代信息技术极大程度地优化英语教学，它改变了传统的教学局面。现代信息技术不仅为英语教学提供了多模态的手段、平台和空间，还提供了丰富的资源和跨时空的语言学习机会与使用机会，促进了英语教学理念、教学方式与学习方式的变革。信息技术有效推动和改进了英语教学，但是现代信息技术的使用不能替代师生课堂上真实而鲜活的人际互动、观点碰撞、情感交流的语言活动，教师要充分认识现代信息技术与英语融合的目的性、恰当性、合理性和有效性。因此文中提出的混合式教学模式和教学设计还将在教学实践中进一步优化，在后续的教学实践和研究中不断完善。

**【参考文献】**

［1］中华人民共和国教育部.普通高中英语课程标准（2017年版）［S］.北京：人民教育出版社，2018.

［2］中华人民共和国教育部.普通高中英语课程标准（2017年版）解读［M］.北京：高等教育出版社，2018.

［3］钟志贤.信息化教学模式［M］.北京：北京师范大学出版社，2006.

［4］李娜，张牧青.混合式学习模式下的教学设计研究［J］.中国教育技术装备，2009（24）：24–25.

［5］陈磊.基于互联网的英语视听说混合式教学模式探索与实践［J］.教育现代化，2016（28）：140–142.

# 第二节　智慧课堂环境下基于问题探究式
# 教学的实践研究

## ——以综合实践活动课"物联网与我们的生活"为例

广州市南沙第一中学　向黎

智慧课堂作为一种新型的课堂教学形态，让课堂教学从传统的以教师为中心转向为以学生为中心，从传统多媒体的"望屏阅读"转向为师生、生生间的交流与互动，使教学与学习方式均发生了较大的变革。目前，智慧课堂已经成为未来教学发展的趋势，各个学科都在积极探索构建具有学科特色的智慧课堂的方法与途径，将基于问题的教学模式和智慧课堂相结合探讨基于问题教学的智慧课堂的构建与应用，不仅能优化基于问题的课堂教学，提高学生的主体意识、合作能力、综合能力，促进教师教学角色的转变，同时也是教育教学方法与时俱进的表现，与我国基础教育改革的方向和目标相契合。

## 一、基于问题探究式教学的智慧课堂的内涵

基于问题的教学是以建构主义学习理论、情境认知理论为基础，以小组协作、教师提供获取资源的途径和学习方法为指导的学习方式，让学习者解决拟真情境中问题的一种教学模式。在教学过程中，它注重通过创设教学情境，让学生利用小组合作学习的方式去自主探究、解决问题，突出以学生为中心，形成学生问题意识，提高学生解决问题的能力的课堂教学特征，在评价中注重过程性评价和多元性评价。这与我国目前所提出的"深度学习"理念都共同凸显出合作、探究、知识转化、多元评价等特点。

随着教育信息化2.0时代的到来，智慧课堂的发展如火如荼。根据祝智庭教授和黄荣怀教授等专家学者对智慧课堂的理解，可认为"智慧课堂是一种以智慧教育理念为核心思想的智慧学习环境，在此环境中，依托新一代信息技术，教师可以实现课堂教学效率优化；学生可以更好地开展个性化学习"，它具有情境感知、无缝连接、全向交互、智能管控、按需推送等技术特性。

基于问题探究式教学的智慧课堂，可认为是在智能化的教与学的环境下进行的以问题为导向的教学，与传统课堂相比，各种新媒体、新技术能在课前、课中、课后构建资源推送、协作探究和意义建构的教学环境，丰富小组成果展示的方式，提高教学过程中的数据分析、评价反馈、交流互动。

## 二、基于问题教学的智慧课堂的构建

基于问题教学的主要目标在于提升学生思维发展能力、问题分析探究能力，以自主学习和合作学习为基础让学生成为知识的主动建构者。在这个过程中，问题情境的创设、学生小组合作探究问题是关键的因素，教师的引导与激发贯穿整个教学过程，主要的实践步骤为创设情境、提出问题，分析问题、组织分工，小组合作、探究问题，展示结果、成果汇总，评价和反馈五个阶段（见图7-2-1）。接下来，将从以上五个阶段探讨基于问题教学的智慧课堂的构建方式。

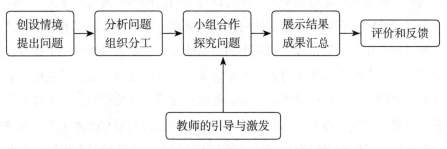

图7-2-1 基于问题教学的步骤

### 1. 智慧课堂环境下情境创设方式

在实施教学前，教师可以通过智慧课堂平台提供的学生作业成绩分析，精确掌握学生的学情资料，预设本节课的教学目标，并通过智慧课堂资源推送方式，向学生推送与教学内容相关的文本资源或教学视频，有的放矢地创设教学情境。学生在课前通过平板接收教师推送的资料，提前了解与学习内容相关的知识，产生学习兴趣，激发学习动机。

**2. 智慧课堂环境下小组合作实施方式**

在传统课堂中，小组合作学习过程中小组间的讨论是相互独立进行的，结果呈现的方式是阶段式的，这使得组间的讨论与交流不流畅、不完整。

在智慧课堂环境下，教师可以在智慧课堂平台系统中设置班级固定小组，通过分组互动的形式来实现小组分组与管理、组内或组间讨论过程和情况的及时掌握。通过分组作答的模式，教师可以掌握小组内的讨论情况，采用分组讨论的模式，也可以让各小组在同一个平台上进行讨论，各小组的讨论结果在师生的平板中都可以得到及时呈现，能即时激发小组间的思维碰撞，碰撞出更多的思维火花。

**3. 智慧课堂环境下问题探究实施方式**

基于问题的教学过程中，对于问题的探究是学生构建知识的重要环节。学生通过分析问题情境和实质，提出论证假设，通过对资料的整理归纳分析、与同学的交流探讨及与教师的交互沟通，逐步形成较为完整的知识认知体系。

在智慧课堂平台中，可以实现师生间、生生间的及时交流与探讨，学生可以通过平板终端发表个人观点，也可以在课堂外通过班级空间、留言等方式实现师生的远程互动，从而保证问题探究的及时性和有效性。

例如，在研究讨论过程中，学生可以将不明白的问题通过平板上传和发布到班级讨论空间，并显示在教室的白板或大屏幕上，学生便可以看着白板或屏幕展开讨论。在讨论的过程中遇到不明白的地方，教师可以指导学生或自己操作示范，现场上网查找相关内容，电脑屏幕可以投影在幕布上，学生可以看到查找的全过程。这样做的好处：一方面使课堂讨论气氛较浓厚，人人都参与到讨论中，避免学生只看着自己的平板进行无声的交流或做与课堂无关的事情；另一方面教师可以把握研究探讨全过程，了解每位学生的情况，可以临时调整教学方式和进程，寻找适合学生的教学方法和手段。课堂研讨教学互动流程如图7-2-2所示。

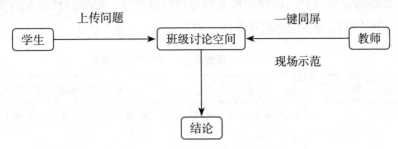

图7-2-2 课堂研讨教学互动流程

**4. 智慧课堂环境下成果展示方式**

各小组利用不同的形式来汇报和展示自己的结论及得出结论的过程，是让学生将知识再次进行梳理和内化的过程。在智慧课堂环境中，可以通过"报告"的形式直接在课堂上进行展示；也可以通过"学生讲"的形式，将学生的平板与课室的大屏幕同屏，让学生进行成果展示与讲解；还可以通过"PK板"的形式进行小组对比展示，并通过"录制"功能实现小组汇报的现场录制，保存下过程性资料。这样极大地丰富了学生展示成果的方式，也激发了学生的展示热情。

**5. 智慧课堂环境下评价及反馈策略**

在基于问题的教学中，关注学习者的过程表现比关注学习者的成绩更为重要，因此形成性评价是基于问题教学的主要评价方式。

在智慧课堂环境下，形成性评价可以通过智慧课堂平台中提供的学生在课堂的参与性、互动性、准确性的数据来进行评价，如教师可以在后台看到学生在课堂中的讨论次数及质量，也可以通过课堂中学生利用平板进行投票、点赞的方式来记录。

## 三、基于问题教学的智慧课堂应用

综合实践活动课程多以小组合作学习模式开展，不以具体的知识点讲解为目的，以学生生活中的真实问题为研究对象，主要培养学生的问题意识，提高学生运用跨学科知识解决问题的能力，注重形成性评价和多元性评价。它在课程生成模式、教学目标、教学内容选择、师生角色关系定位上，均与基于问题的教学有着一致性。因此，基于问题的教学是综合实践活动实施的重要方法。

下面以综合实践活动课程"物联网与我们的生活"与智慧课堂平台结合为例，阐述基于问题教学的智慧课堂的应用与实践（见表7-2-1）。

表7-2-1　基于问题教学的智慧课堂实践案例

| 教学阶段 | 教学过程 | 教学活动 | 智慧课堂提供的技术支持 |
|---|---|---|---|
| 课前 | 学情分析 | 摸底考查学生对物联网的了解程度 | 教师：发布评测内容、查看学生反馈<br>学生：接受并完成测评内容 |
| | 资源推送、创设情境 | 根据学生对物联网的了解程度，推送跟物联网相关的视频或PPT | 教师：利用云端资源下载、添加资源等方式分享资源<br>学生：通过接受、阅览资源了解主题内容 |
| | 小组分组 | 根据同质异构的方式进行小组分组 | 教师：利用分组互动功能中的固定小组功能录入小组名单 |
| 课中 | 问题探究 | 分小组搜索与物联网相关的知识，确定应用场景，查找物联网在该场景中的应用案例，利用各种研究方法探究物联网在生活场景中产生的影响 | 教师：利用一键同屏、屏幕广播、白板书写、拍照对比讲解、课堂互动等功能活跃课堂气氛，引导学生进行主题讨论<br>学生：利用班级空间、讨论等方式进行研讨，利用课堂笔记功能记录讨论结果 |
| | 成果展示 | 分小组展示物联网在交通、教育、医疗、农业、环保等场景中的应用，并呈现物联网对这些场景产生的影响 | 教师：利用拍照、表扬、投票、小组PK板等功能对各小组的表现进行记录与鼓励<br>学生：利用资源上传、学生讲、电子白板、视频录制等功能分小组进行成果保存与展示 |
| 课后 | 形成性评价 | 针对各小组对问题的探究、讨论、展示等过程给出形成性评价 | 利用表扬、投票等功能，对每个阶段的表现给予即时评价；利用课堂评价功能，查看不同时间段学生的整体表现 |
| | 多元性评价 | 通过自评、他评、师评等评价方式进行多元评价 | 通过评价功能，了解每个学生的评价得分，点击表扬或待改正，多维度对学生进行评价 |

## 四、基于问题教学的智慧课堂建议

在基于问题的教学中，智慧课堂作为一种教学环境，在情境、协作、会话、意义建构等环节提供了较多的技术支持，优化了教学流程和教学效果。结合基于问题教学的教学特点、智慧课堂的技术特点及现代教育改革的倾向和趋势，在基于问题教学的智慧课堂建构时，还需注意以下问题。

**1. 结合深度学习的理念设置问题，培养学生高级思维能力**

深度学习活动的过程就是关键问题解决的过程，也是问题解决策略的选择过程，它是让学生利用所学知识解决新颖的问题，活动情境设计要具有挑战性和趣味性，能够激发学生持续探究的兴趣，获得成功体验。因此在基于问题的教学中，应结合深度学习的理念巧妙设置问题，重视学生素养的培养，在探究问题的过程中培养学生的高级思维能力。

**2. 熟悉智慧课堂的各种技术手段，在教学环节灵活搭配使用**

智慧课堂中所包含的技术作为交流工具和记录学生学习过程的工具，在课前、课中、课后的各个教与学的阶段可交叉使用，这需要师生熟练掌握智慧课堂平台的使用方法，并能根据教学的需要灵活搭配使用。

**3. 以学生为主体，利用技术促进小组合作学习的效率**

在基于教学的过程中，学生作为学习的主体，一般采用小组合作式学习进行问题的研究与探讨。而在小组合作学习过程中，通常存在分工不均、合作效率不高的问题，在基于问题教学的智慧课堂中，需要利用智慧课堂的技术特性提升小组合作学习的有效性。

**4. 采用多元化评价方式，做好过程性评价**

过程性评价是基于问题教学的重要的评价方式，在智慧课堂中，学生的每一次发言、讨论及作业反馈都可作为过程性评价的依据，教师需要利用智慧课堂的大数据特性做好过程性评价。

## 五、结语

总的来说，基于问题的智慧课堂的构建不仅体现了信息时代对学生深度学习理念的要求，而且在智慧课堂实施过程中充分考虑学生的主体性，积极提倡学生自主探究的体验式学习，利用信息技术的优势帮助教师更好地进行教学评价，在这个以问题为导向的智慧课堂环境中能够发挥学生的主体地位，发展学生的高阶思维能力、自主探究能力、小组合作能力，具有实用价值和推广意义。

**【参考文献】**

［1］胡英君，滕悦然.智慧教育实践［M］.北京：人民邮电出版社，2019：11-13.

［2］杜丽丽.基于问题的教学模式［EB/OL］.https：//www.docin.com/p-2089807610.html.

［3］孙曙辉，刘邦奇.智慧课堂［M］.北京：北京师范大学出版社，2019：39-41.

# 第三节　智慧课堂环境下通用技术核心素养培养策略研究

广州市培英中学　阳靖

## 一、研究背景

《普通高中通用技术课程标准（2017年版）》提出，技术教育是素质教育的基本组成部分，是学生技术素养养成的重要途径，对落实立德树人根本任务、实施国家创新驱动发展战略、弘扬中华优秀传统文化和提高全民技术素养都具有重要的作用。新课标对普通高中通用技术课程提出具体的五个学科核心素养，即"技术意识、工程思维、创新设计、图样表达、物化能力"，这也是培养学生个人发展核心素养的重要组成部分。随着教育改革的推进，"互联网+"时代的到来，课堂作为教书育人与实践研究的重要场地，如何适应新课标提出的新要求，如何变革通用技术传统课堂教学以培养学科核心素养，很值得深入探索。

## 二、研究现状

通用技术是我国高中阶段的学生需要学习的学科，涵盖了除去信息技术学科之外的，范围较为宽泛、具备基础性与通用性、有别于更具专业性的技术。学习过程中，高中生需要形成通用技术核心素养，这也给高中通用技术教师的教育教学行为提出了更高的要求。鉴于通用技术的专业性较强，在教学中教师充分应用智慧课堂技术，通过智慧课堂平台将教师手中的教学平板、学生手中的学习平板、各种现代化教学设备和互联网络进行连接，这种云端和终端的互联可以给学生提供更多的学习素材，创设更真实的学习情境，提供更便捷的实践机遇，让高中生的通用技术核心素养得以快速培养。信息技术与学科教学相结合已经成为时代的发展趋势，也是一条必走之路，尤其是在此次新型冠状病毒疫情期间，教师们通过利用现代信息技术搭建空中"云课堂"，很好地弥补了不能进行线下课堂教学的遗憾，同时也具备在线解答、限时训练、作业反馈及新课学习等功能，保障了学习的效果。

智慧课堂是以培养具有高智能和创造力的人才为目标，依赖于大数据、学习分析等技术，实施学情诊断分析和资源智能推送，开展"云+端"学习活动与支持服务，进行学习过程记录与多元智能评价的新型课堂。近10年来，我国很多学者对智慧课堂进行了研究，主要集中于智慧课堂在教学中的课程改革和应用研究，智慧课堂在中小学的应用理论和实践研究，智慧课堂的本质、关键要素及核心价值研究等。研究发现，智慧课堂以数据决策教学、即时评价反馈、立体化交流互动和智能资源推送为主要特征，具有翻转课堂、个性化学习、生成性教学等多种典型教学模式，不仅注重学生知识的掌握程度，更注重学生的能力发展、生命体验，满足学生创造的需要，培养学生创造性思维和解决问题的能力，关注学生的全面发展。那么，如何充分利用智慧课堂环境的优势，培养学生通用技术学科核心素养呢？

**1. 应用智慧课堂激发浓厚兴趣，为培养核心素养提供前提**

在广东省的新课程改革方案中，通用技术并不是高考的必考科目，只是学业水平考试科目，所以很多高中生对通用技术产生了错误认识，总觉得学与不学效果一样，这种思想也导致个别学校和学生对这门学科的忽视，在此情形下，通用技术核心素养的培养陷入窘境之中。如果仍然采用传统的教师说教的方式开展教学，效果必然不理想。采用智慧课堂组织教学活动，可以为学生提供大量的学习资源，有助于学生全面而整体地把握教学内容和学习目标，一开始就带有目的地学习，也能帮助教师弹性预设教学；通过形象化的资源，创设与学生生活密切相关或学生感兴趣的情境，为学生的设计、创作、物化提供技术支持；借助技术环境与工具，让学生能自主选择感兴趣的内容，自定学习步调，产生积极的学业情绪体验；记录学生整个学习过程中的数据，捕捉生成性信息，并将其中一部分转化为生成性资源，支持学生的意义建构；支持资源共享和作品展示交流，生成创造；建立线上线下互动交流空间，从自评、教师评价、学生互评等多方面对学生进行过程性评价，促进学生课后反思总结，进一步拓展学习，也为课前的预设提供调整依据。这样一来，学生就积极参与到学习中，激发学生的学习热情，进而为通用技术核心素养的培养提供前提。

例如，在学习通用技术第一章节的内容"技术的巨大作用"时，为了让高中生对"技术"有一个客观的评判，教师就依照高中生对科学技术进步的两面性认识将学生划分为两个团队，之后各自通过翻阅书籍、网上搜索、请教师长等方式积累材料，之后在班级中开展"我眼中的技术进步之'利（弊）'"的研讨活动。在活动过程中，高中生将自己收集到的资料通过自己的平板电脑进行调取，并投放至大屏幕上和老师、同学们进行共享，借以支持自己的观点，从而生成特有的教学模式（见图7-3-1）。有了智慧课堂的助力，整个活动开展过程中，高中生兴趣盎然，资料丰富，通过这种活动对于技术发展的了解也更加深入了，对技术发展所具有的积极作用和负面作用也有了客观的认识，更有助于高中生核心素养中技术意识素养的形成，实现通用技术核心素养的有效培养。

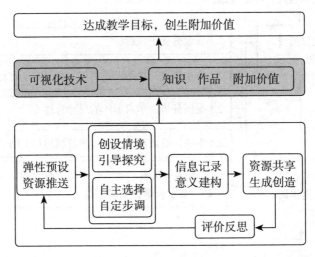

图7-3-1　生成性教学模式

### 2. 应用智慧课堂掌握技术知识，为培养核心素养夯实基础

通用技术学科中很多学习内容具有较强的抽象性，同时对学生的空间立体构图能力、知识参悟能力都有较大的挑战性，如果没有充足的技术支持，学生对知识的理解程度必将受到一定的影响。而应用智慧课堂则可以让学生更加顺

利地理解并掌握专业知识，为通用技术核心素养的培养夯实理论基础。

　　例如，在《技术与设计1》第二章三视图的内容讲解中，对于这部分内容多以教师讲解为主、学生练习为辅进行处理，学生学习积极性不高，缺乏自主学习，学习效果不好，无法对学科核心素养的培养起到促进作用。因此，笔者在新的智慧课堂环境下，对传统授课形式进行了一些变革。首先，教师可以自制和本节课教学内容相关的微课，通过"慧学君"智慧教育平台推送到每个学生的平板上，让学生在课前预习；其次，带着学习中遇到的问题在课中重点学习并和教师讨论；再次，在课堂上创设情境，探究学习，把一系列抽象画的投影知识通过三维立体投影等相关技术做一个直观的讲授，既能更形象地表达出三视图的知识，又能很好地吸引学生的注意力和兴趣；最后，布置相应的作业，学生完成习题，通过智慧平台系统提交作业作为学习反馈，教师选择展示分享。学生可以通过教师展示分享的同学作业，更清晰地了解知识结构，同时对错误的地方进行错题集的整理和收集。图7-3-2是三视图教学流程。

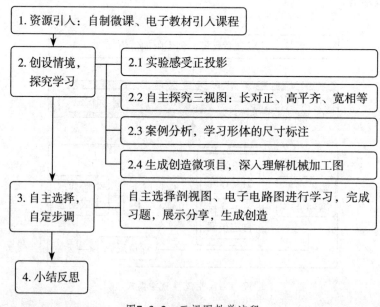

图7-3-2　三视图教学流程

　　又如，在对鲁班锁进行研究并绘制设计图样的过程中，学生不能理解鲁班锁的内部构造，对三视图的理解也不深入，这对教学效果形成了极大的困扰。为了有效解决这一难题，教师采用智慧课堂技术，一方面将鲁班锁的三维立体图形投放到学生的学习平板上让学生进行研究；另一方面采用了AR三维全息投影技术，让学生在一种完全真实的环境中对鲁班锁进行模拟拆解，从而完全了解其内部构造，对于三视图的理解也更加精准了。在此过程中，学生领悟内部结构的工程思维和识读图纸的图样表达能力得到了迅速提升，通用技术核心素养的培养也就更显成效。

**3. 应用智慧课堂支持技术实践，为培养核心素养提供保障**

我们对学生进行通用技术教学，目的并不在于单纯性地学，更重要的在于让学生能够将已经掌握的知识、技术加以应用。在智慧课堂技术支持下的通用技术学科教学中，学生在智慧课堂的助力下可以更加积极、广泛地参与到实践中，实现自身通用技术核心素养的快速培养。

例如，在学习了三视图的画法和识别之后，为了培养同学们的动手物化能力，针对本节课的知识点，组织学生自制简单的3D全息投影设备，教师指导学生四人为一组动手做。首先，使用学习平板从网络中搜索最简易的3D全息投影设备的机械加工图纸，并对各个零部件的三视图进行逐一整理，绘制出三视图；其次，将零部件的所有尺寸进行标注，完成机械加工图；再次，将机械加工图发送到班级大屏幕，和老师、同学共同探讨其中存在的问题并进行修正；最后，在机械加工图完整无误之后，按照图纸进行3D全息投影设备的制作。通过这样的实践活动，高中生对于已经学习的知识进行复习的同时加以应用，操作能力不断提高，物化能力获得了培养，核心素养的培养也就更具实效了。

基于智慧课堂的通用技术变革为学科核心素养的培养指明了道路，在具体的实施过程中，教师还应根据不同的教学内容、教学目标、学生情况等，合理地选择智慧课堂环境，优化教学模式，以达到更好的教学效果。总而言之，有了智慧课堂的助力，高中生对于通用技术的研究兴趣更为浓厚，对知识的了解更为深入，对实践的开展更有热情。学生的学习活动开展顺利，那么其通用技术核心素养的培养自然更为高效。在本轮新课程改革的浪潮中，相信通用技术学科的核心素养培养在借助智慧课堂等现代化教育信息技术手段下，必定会取得更为良好的成效。

**【参考文献】**

［1］中华人民共和国教育部.普通高中通用技术课程标准（2017年版）［S］.北京：人民教育出版社，2018.

［2］张月香.基于智慧课堂的通用技术学科核心素养培养研究［J］.中国教育技术装备，2019（13）：9-12.

［3］黄安树.浅谈高中通用技术对学生核心素养的培养［J］.文理导航·教育研究与实践，2018（6）：2.

［4］王霞.基于学科核心素养的高中通用技术教学实践研究［D］.西安：陕西师范大学，2019.

# 第四节　基于App Inventor的项目式学习研究

## ——以初中信息技术为例

广州市第一中学　陆桂华

随着国务院印发的《新一代人工智能发展规划》的逐步落实，人工智能基础的教育教学也从高校逐步向中小学普及，在全国不少地区已经把App Inventor程序设计的内容列入初高中的信息技术教材中。对于这一全新的教学内容，许多教师正在进行探索和研究，寻找适合的App Inventor程序设计教学方法，其中采用项目式学习法的不在少数。本文以App Inventor在初中信息技术课堂中的教学为例，探讨如何在App Inventor程序设计教学中实施项目式学习。

## 一、研究背景

### 1. 项目式学习

项目式学习（Project-Based Learning，PBL）是一种在学生已有的认知基础上，在复杂、真实的生活情境中引导学生主动地探索现实世界的问题，通过设计制作作品的过程来完成知识的建构的动态学习方式，具有"围绕问题来组织学习过程，问题是学习过程的起点"的特点。

项目式学习法已经被北欧、北美等许多国家的学校广泛采用，其中典型的例子是全面采用项目制学习模式的美国一所公立特许学校HTH（High Tech High School），十几年间，从最初的200多人发展到目前5000多名学生，被比尔·盖茨称为"每一个美国孩子都为之向往的学校"，为我们提供了成功的经验，证明了PBL的可行之处。随着教育改革的不断深入，项目式学习也成为当前国内教育领域的研究热点之一。

但是对于PBL的研究，特别是在国内，都是偏向于理论研究为主，有关实践案例的研究屈指可数。例如，葛晓蕾老师的《基于项目学习的生命科学研究型课程的开发与应用》，把项目学习与研究型课程进行融合应用，充分融合项目学习和研究型课程两者的优点，开发适合本校学生的课程，达到1+1>2的效果。河北师范大学闫丽新老师的《"项目教学法"在高职计算机课程中的应用》"把项目教学法的理论与实践应用到高职计算机课程的实际教学中，取得了一定的成效"。还有广西师范大学欧球老师的论文《基于项目学习的高中信息技术课程手机教学应用研究》，其最大的特色是把项目学习与手机的移动教学相结合，"在项目学习的理念指导下，科学、合理设计课程，让手机成为课堂教学的引导者和辅助者，或将会给教师教学带来意想不到的收获"。而项目式学习在App Inventor程序设计教学方面的应用案例还基本处于空白。

### 2. App Inventor

App Inventor是一种模块化、可视化的Android积木式编程环境，能让没有专业背景的人也能开发App，实现自己的编程梦想，非常适合中小学生轻松走进安卓的编程世界。App Inventor程序开发是针对解决生活应用的现实问题为主，这与项目式学习要求取材于具体而真实的情境这一特点不谋而合。

## 二、基于App Inventor的项目式学习设计

在App Inventor教学中实施项目学习，遵循PBL的教学理念，在学习上强调以学生为中心，学习自主探究，强调小组合作，要求学生对现实生活中的真实性问题进行探究。根据这些特点，从教与学两个方面实施项目式学习。

### （一）知识支撑体系设计

项目式学习的最终目的之一，是让学生通过项目学习掌握所要学习的知识并加以应用，因此把知识支撑体系融入项目学习中，是教师进行项目学习的难点之一。在进行知识点学习时，采用混合式学习方法为主，通过选择恰当的媒体，解决速度、规模和效果的协调问题。经过实践和总结，把App Inventor程序设计教学的知识支撑体系设计如下。

#### 知识支撑模块1

导入App Inventor程序设计。通过学习这一知识点，让学生掌握App Inventor

程序设计的最基本形式，形成App Inventor程序设计项目学习的基础。

### 知识支撑模块2

App Inventor的组件与界面设计。这部分内容包括基础组件、拓展组件和媒体功能组件三大部分。基础组件是要求学生掌握使用的组件，通过基础组件的学习，完成项目程序的界面设计。拓展组件和媒体功能组件是让学生根据需要进行学习的组件，根据项目程序功能的需要选择学习和使用。

### 知识支撑模块3

程序的分支结构和循环结构的表示。要实现程序的逻辑设计，掌握程序的分支结构和循环结构是必不可少的。这部分内容逻辑性非常强，是学生学习的一大难点。把在App Inventor中分支结构和循环结构的实现方法通过微课、实例等让学生自主学习和理解，以电脑程序虚拟现实生活中的分支选择方式和重复方式，实现知识的迁移，构建学生的计算思维。

### 知识支撑模块4

手机（本地）文件的读写方法。帮助学生完成学习如何存取、读写移动设备（如手机、平板）中的文本文件，是实现程序设计中文件读写的基本操作之一。

### 知识支撑模块5

网络微数据库的实现方法。帮助学生完成学习如何建立自己的网络微数据库以及数据库内容的存取方法。该模块主要利用了广州教育城网站提供的"创建网络微数据库"功能实现。有了网络微数据库，可做的事情、可开发的软件就大为扩展了。

### 知识支撑模块6

网络图片的存取方法。帮助学生掌握在网络上存放图片的方法，以提供给自己的程序使用。该模块主要利用了广州教育城网站提供的"App Inventor免费图片存储空间"实现。有了网络图片，可以使程序界面等更加美观，让大家编写出更为出彩的程序。

除了以上六大支撑体系以外，还提供相应的教学课件、教学微课、学习网站给学生自主学习。

### （二）项目式学习的评价设计

教师在使用项目式学习时有一个最大的难点，就是如何对学生进行学习评价。因为项目式学习是灵活的、自主的学习方式，所以可采用的评价方式方法不尽统一。因此，可以为每个学习过程设置一个量规来进行评价。在项目式学习过程中，主要强调对学生学习过程的记录与评价量规，同时引入家长、老师和学生的评价量规，使评价更趋合理。体现小组项目学习的过程性评价（小组量规），由小组所有成员个人项目学习过程性评价的量规平均值构成，由此也记录了学习过程。而小组项目学习终结性成果作品的评价，由小组自评、本班同学互评、任课教师量规及家长和级组教师量规构成，合理体现作品的成熟程度。对于项目学习的个人最终评价，则由小组项目学习的综合评价与个人项目学习过程性评价构成，既体现小组合作的结果，也体现个人的作用（见图7-4-1）。

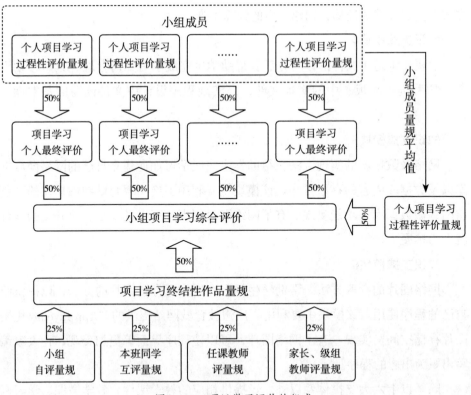

图7-4-1　项目学习评价的组成

## （三）学生活动指导设计

实现App Inventor的项目式教学，教师需要指导学生开展项目式学习。

**1. 引导学生寻找和选定项目**

在项目学习中，项目的选取非常重要。如何找到合适的项目是教师进行项目学习的前期难点之一。在实践过程中发现，首先要找到学生感兴趣的项目，有兴趣的支撑，学生才能在项目学习中拓展思维，提升能力。其次要考虑清楚，这个年龄段的学生是否有相应的能力开展这个项目的学习。另外，还要注意，所选取的项目是否能够进行检测。教师通过展示形式多样而又好玩的App程序的例子，如"成语接龙""快乐打地鼠"等，有效激发学生学习App的热情，采用头脑风暴，全班一起挖掘项目，让学生汇总出既具娱乐性又有意义、有意思的项目程序，并自主选择自己要做的项目。

**2. 确定项目学习小组**

对于学习小组的划分，主要采取两种方式。第一种方式：按原班学习小组的形式。学校的每个班均由班主任和各个学科教师根据本班学生的综合情况，统一划分了学习小组，在进行项目学习时按这些小组进行。第二种方式：在进行小组划分时，依据对项目兴趣进行同质划分，根据选取的项目，由学生自由组合，然后再由教师进行个别调整，组成项目学习小组。每个小组推荐出小组长，通过组长带领制订出本组的计划，填写小组项目学习信息表，确定小组成员的任务分配，划分本小组项目实施的阶段和时间。

**3. 为学生导入学习App Inventor的知识点支撑模块**

学生对App Inventor的知识从无到有，首先要掌握App Inventor的基本使用方法。因此要让学生学会App Inventor在线版本和离线版本的使用，掌握利用App Inventor开发移动小程序的基本做法，掌握程序的保存、编译、调试和安装。从节省时间和提升效率的角度考虑，这一步的教学以传授教学为主，让学生迅速达成学习目标，提供进行后续学习的基础。

**4. 辅导学生开展项目设计**

关注、了解学生项目进展情况，适时点拨引导，协助解决学生遇到的障碍，尽量避免学生走弯路。

**（四）学习成果展示与分享**

项目成果的展示与分享是在项目式学习的最后阶段进行，把项目成果的展示、分享与成果的评价相结合。基本做法是：在项目学习过程中，有中期性成果的，教师会建议小组把中期性学习成果发布给班、级的学生及家长安装试用，并尽量收集反馈意见，用于修改、完善程序项目。小组项目得到终结性成果时，需要主动发布给本班学生试用，向全级学生及本班同学家长群、班级所有任课教师推荐安装试用，并向他们公布评量规表评分标准，收集反馈结果及评分，汇总到评价表中。学生、教师、家长评价项目学习成果作品，可使用"小组项目学习成果评价量规表"（见表7-4-1）进行量化评分。

表7-4-1　小组项目学习成果评价量规表

| 评价内容 | 比重<br>（百分制） | 得分 | 说明 |
|---|---|---|---|
| 项目设计实用性 | 12 | | 实用性好，能否解决实际问题，有实际意义 |
| 项目设计功能完整性 | 18 | | 功能齐，完整性好，不一定要求多 |
| 项目的界面设计 | 15 | | 合理、美观，界面色彩搭配自然合理 |
| 项目设计的娱乐性、趣味性 | 18 | | 娱乐性、趣味性强 |
| 项目的算法设计、逻辑设计、数据处理（数据库设计） | 15 | | 算法设计是否合理、逻辑设计是否正确、数据库设计使用是否恰当 |
| 项目成果能否正确运行使用 | 12 | | 成果能否正常运作，达到基本使用要求 |
| 项目的科学性、创新性、先进性 | 10 | | 项目是否具有创新性、是否符合科学性、是否具有先进性，具有别人所没有的 |
| 合计 | 100 | | |

当所有小组完成项目学习任务或者项目学习时间结束时，召开项目学习成果分享会，邀请部分家长和级组教师参与。由每个小组在班上推介自己的项目内容，并收集大家的反馈数据，让组员反思项目学习的情况及改进的可能等。对未能取得较好成果的小组，也需要参与分享，展示项目的进度，未能完成的部分及以后的可能性，等等。

通过项目成果分享会，分享项目实施过程的经验，分享成功的喜悦和失败的原因，丰富学生的知识，提升学生的认知水平，提高经验交流和创新思维能力，从而提升学生信息素养和能力。

## 三、基于App Inventor项目式学习的效果分析

通过开展项目式学习实践，既改变了教师，又让学生的学习方式发生了变化。

### 1. 使学生真正掌握App Inventor程序设计

通过App Inventor项目式学习，让学生充分体验了应用程序开发的过程与方法。经过大家的努力，有些小组做出了很好的App作品（见图7-4-2）。

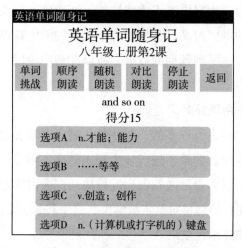

图7-4-2 项目学习的成果之一

### 2. 增进了学生之间的友谊

在开展项目式学习过程中，遇到问题大家能互相帮助、互相督促，促进了理解、了解，培养了团队合作精神。学生们看上去都好像比之前成熟了许多。

### 3. 改变了学生的学习态度和学习方式

实施项目式学习，具有明显的跨学科学习的性质。在学习中，学生以真实情境的问题为导向，以问题解决作为学习任务，引导学生发现并整理与学习任务相关的学科知识和学科方法，通过实践加深了对这些学科知识和方法的理解，在探究和实践的过程中形成个人认识，提升探究能力、工程设计及技术制作的实践能力，促进学生的全面发展。

## 四、存在的问题

在进行App Inventor项目式学习过程中，也发现了不少问题，其中主要包括以下几个方面。

### 1. 所选取项目的难度

在项目学习中，需要学生多个方面、多个学科的知识和多种能力的综合运用，而对于初中学生，掌握的知识面还不够广，其难度非常大。虽然项目学习这种教学方法是要给学生提供基于挑战性的、复杂的问题或难题，但在实践过程中往往发现项目的难度过高，部分能力不太强的学生难以理解和接受。这样会让学生望而生畏，达不到预期的效果。所以在初中阶段，选取容易、简单的基础项目可能更好些。

### 2. 项目式学习占用课外时间

项目式学习必然要进行许多的、额外的（超出课本要求）拓展与探究，必然占用更多的课外时间。如果不进行较为深入的探究学习，进行项目学习的意义就会大打折扣。所以需要思考知识支撑模块和探究内容是否过于深入？学生的能力水平能否达到？特别是对低年级学生，这个问题会更凸显。

### 3. 项目式学习的终结性成果

进行项目式学习，其中的目标之一便是要得到可交流、可评价、可应用的成果。但从实践结果来看，令人满意的终结性成果并不多。中学生是学习知识的阶段，对于他们来说，学习的过程才是最重要的，但如果最终能有终结性成果，那么项目学习的效果会更加显著，对学生就更能起到激励作用。

## 五、结语

基于App Inventor的项目式学习，能让学生掌握简单的安卓编程技术，更为关键的是培养学生自主探究、自我学习的意识和做法，这对于在新时代背景下，培养创新型人才是一个非常好的、重要的切入点。通过项目学习实践证明，学生对App Inventor更感兴趣了，对知识的掌握也更为扎实了，对以后的学习有了更高、更远的展望。

## 【参考文献】

［1］安奈特·科莫斯（Anette Kolmos），钟秉林.基于问题的学习：理论与实践［M］.北京：高等教育出版社，2013.

［2］翰林学院.我们为什么要做项目制学习———一起走进BIE&HTH［EB/OL］.（2018-04-14）https：//www.linstitute.net/archives/57496.

［3］葛晓蕾.基于项目学习的生命科学研究型课程的开发与应用［D］.上海：上海师范大学，2015.

［4］闫丽新."项目教学法"在高职计算机课程中的应用［D］.石家庄：河北师范大学，2013.

［5］欧球.基于项目学习的高中信息技术课程手机教学应用研究［D］.桂林：广西师范大学，2017.

［6］李克东，赵建华.混合学习的原理与应用模式［J］.电化教育研究，2004（7）.

［7］李克东，李颖.STEM教育跨学科学习活动5EX设计模型［J］.电化教育研究，2019（4）.

# 第五节　基于Moodle的初中信息技术课程
## 协作学习研究

### ——以"电脑动画制作"单元为例

广州市陈嘉庚纪念中学　杨培德

## 一、问题的提出

数字化学习与创新是中学信息技术学科核心素养的组成要素，它要求学生掌握数字化学习系统、学习资源与学习工具的操作技能，并将这些技能用于开展自主学习、协作学习、知识分享和创新创造，助力学生终身学习能力的提高。因此在信息技术课堂教学中，培养和提高学生协作解决数字化问题的能力尤为重要。

在实际教学中，初中信息技术课程协作学习中存在协作学习效果不明显的问题，其中一个主要的原因是对协作小组的调控不到位，小组内很多成员没有发挥作用。虽有成员分工，但实际中存在个别成员偷懒搭"顺风车"的现象。

随着"互联网+教育"的深入，网络协作学习日益受到重视，笔者利用Moodle平台活动模块中的作业、专题讨论、论坛、聊天室、组等对协作学习的支持功能，探索了基于Moodle平台的协作学习模式，并将该模式应用于初中"电脑动画制作"单元的教学实践，为有效解决上述协作学习中的问题提供了参考方法和途径。

## 二、基于Moodle的初中信息技术课程协作学习平台的设计

### 1. 理论基础

建构主义学习理论将"情境""协作""会话"和"意义建构"作为学习环境的四大要素。建构主义的学习观认为学习不是知识的传递，而是个体自主建构的过程，社会性的互动可促进学习。因此，在搭建网络协作学习平台时要考虑能够给学生创造一个有利于师生、生生进行互动交流，在协助中进行知识建构的环境。

### 2. 基于Moodle的网络协作学习系统

网络协作学习系统设计以辅助、监测和调控学生的网络协作学习为目的。由于Moodle系统是一个功能强大而且非常成熟的学习管理系统，可用于学生开展协助学习的活动模块有很多，如资源、作业、专题讨论、论坛、聊天室、问卷调查、投票、测验及分析、组等。初中信息技术课程中作品制作是一个很重要的教学内容，针对作品制作更多要求学生以小组的形式协作完成的特点，本系统采用了其中的作业、专题讨论、论坛、聊天室、组等协作活动模块进行功能设计。

本系统最大的特点是给予学生评价作品的空间，让学生在平台上可以看到他人的作品，可以对他人的作品进行评论，同时也及时地看到别人对自己小组作品的评论，然后对自己的作品不断地修正上传。同时本系统还可以提供学生活动记录，让教师更好地对学生的学习过程进行监测和调控。图7-5-1为初中信息技术课程Flash动画作品协作学习系统功能模块图。

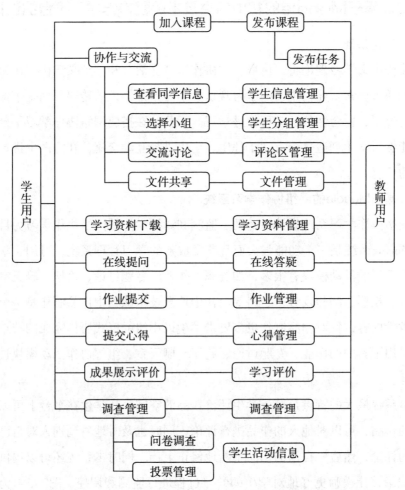

图7-5-1　初中信息技术课程Flash动画作品协作学习系统功能模块

### 3. 基于Moodle的小组协同制作学习模式

协作小组对于不同的学习任务、认知特性、学习内容及资源环境会有不同的协作学习过程，但一般从学生角度来讲，网络协作学习过程可分为"情境创设，情感渲染""自由分组，教师协调""提出任务，小组分工""制作作品，交流协调""递交作品，相互评价""评价总结，意义建构"六个环节。基于Moodle的初中信息技术网络协作学习模式的特点是：协作者共同完成某个学习任务，在任务的完成过程中相互配合、相互帮助、相互促进。具体操作流程如图7-5-2所示。

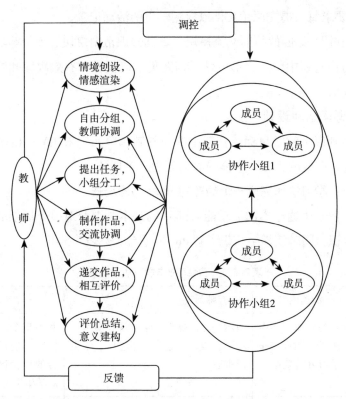

图7-5-2　初中信息技术网络协作学习模式流程

## 三、案例分析

本文以基于Moodle的Flash动画作品制作为例，通过三个任务要求学生进行协作学习。教学对象为初二年级1—6班的学生，通过对学生前段时间学习Flash基础知识的课堂观察，发现学生对Flash某一单一的知识点掌握得比较理想，但在知识的综合运用方面比较欠缺。所以，希望通过使用Moodle平台提高学生Flash动画制作的综合水平及协作制作作品的能力。

### （一）教学策略

本单元主要以任务驱动、学生分组协作学习策略来进行教学。初二的学生处于一个非常活跃的年龄，采用协作学习符合初中学生的年龄特点，同时要想取得较好的教学效果，需要教师对学生学习过程进行有效的调控及引导。针对实际教学中存在协作学习效果不明显的问题，特别是对协作小组的调控不到位以及存在成员偷懒搭"顺风车"的现象，笔者还采用了以下解决方法：

（1）要求每人提交原始文件以检测学生的活动记录。

（2）利用Moodle的帮助交流模块、基础知识帮助模块、评价等功能模块，让学生在协作过程中留痕，形成学习档案袋，以便教师有效跟踪和管理，提高协作学习效果。

**（二）教学活动设计**

为了达到以上教学目标，在初中的动画制作单元中采用Moodle平台对协作学习活动进行有效的管理。具体的活动分为三个任务。

**任务一：学习协作完成一个静态的Flash动画场景**

目标：使学生通过本次活动能对Flash的基本画图及对整个场景的整合有一个加深的认识，同时使学生认识了解Moodle平台（见表7-5-1）。

表7-5-1　Flash协作学习活动流程

| 活动环节 | 活动内容 | 教师活动 | 学生活动 | 设计意图 |
|---|---|---|---|---|
| 课前准备 | 熟悉界面、学生注册、调查协作学习分组意见 | 演示平台的操作步骤，设计分组调查表 | 学生观看演示、学生注册、学生分组 | 熟悉整个Moodle平台操作，通过Moodle平台的讨论区投票模块对学生进行分组 |
| 新课引入学习任务 | 在Moodle了解本次活动要完成的任务 | 提供学习资源，布置活动任务 | 学生了解活动任务 | 利用Moodle课程管理模块进行自主学习 |
| 讨论明确，任务分工 | 学生对任务理解并经小组讨论后对任务进行分工 | | 学生小组分配任务 | Moodle讨论区、聊天室、消息模块 |
| 协作学习，动画制作 | 学生进行动画制作 | 教师进行巡堂辅导 | 学生进行分工，动画制作 | 利用Moodle讨论区、聊天室、消息模块进行协作学习 |
| 作品提交，作品展示 | 学生对完成的作品进行展示 | 教师点评 | 学生相互学习、提意见 | 利用Moodle讨论区、投票模块 |
| 反馈小结 | 教师对每个小组提交的作品进行评分 | | 作品评分 | 利用Moodle成绩模块即时反馈，小结提升 |

**任务二：学生小组协作完成"古诗词"动画制作**

目标：使学生通过本次活动提高制作Flash场景及动画的能力，同时提高学生的协作学习能力。活动设计流程如表7-5-2所示。

表7-5-2 Flash"古诗词"协作学习活动流程

| 活动环节 | 活动内容 | 教师活动 | 学生活动 | 设计意图 |
|---|---|---|---|---|
| 课前准备 | 学情调查，调整分组 | 设计分组意见调查表 | 讨论、投票及调整分组 | 利用Moodle平台的讨论区以及投票模块，进行重新调整分组 |
| 新课引入 | 总结上一轮活动情况 | 教师演示上一轮的作品及出现的问题 | 学生观看演示、理解消化 | 利用Moodle平台进行复习、总结 |
| 讨论明确，任务分工 | 学生对任务理解并经小组讨论后对任务进行分工 要求小组内一位学生上传整体的Flash场景，包括源文件及目标文件 | 提供学习资源，布置活动任务 | 学生小组分配任务 | 要求学生在讨论区发表自己在小组中所承担的任务 |
| 协作学习，动画制作 | 学生进行动画制作讨论、协作、交流等 | 巡堂辅导 | 学生进行分工，动画制作 | 利用Moodle讨论区、聊天室、消息模块进行协作学习 |
| 作品提交，作品展示 | 学生提交作品并对完成的作品进行展示 | 教师点评 | 学生相互学习、提意见 | 利用Moodle上传功能、讨论区、投票模块进行交流展示 |
| 反馈小结 | 教师对每个小组提交的作品进行评分 | | 作品评分 | 利用Moodle即时反馈，小结提升 |

**任务三：学生分组协作完成一个自定主题的Flash动画**

目标：使学生通过本次活动全面提高掌握Flash的能力及对Flash的兴趣，同时提高学生的协作学习能力。活动设计流程如表7-5-3所示。

表7-5-3 Flash自定主题协作学习活动流程

| 活动环节 | 活动内容 | 教师活动 | 学生活动 | 设计意图 |
|---|---|---|---|---|
| 课前准备 | 学情调查<br>调整分组 | 设计分组意见调查表 | 学生讨论、投票，调整分组 | 讨论、投票、分组 |
| 新课引入 | 总结上一轮活动的情况 | 教师PPT展示学生在课前准备中出现的问题 | 学生观看演示，进行反思 | 利用Moodle平台进行复习、总结 |
| 讨论明确，任务分工 | 学生对任务理解并经小组讨论后对任务进行分工<br>要求：自定主题，小组内一位学生上传整体的Flash场景，包括源文件及目标文件 | 提供学习资源，布置活动任务 | 学生小组分配任务 | 要求学生在Moodle讨论区发表自己在小组中所承担的任务 |
| 协作学习，动画制作 | 学生进行动画制作，讨论、协作、交流等 | 巡堂辅导 | 学生进行分工，动画制作 | 利用Moodle讨论区、聊天室、消息模块进行协作学习 |
| 作品提交，组间互评，作品展示 | 学生提交作品并对所完成的作品进行展示<br>小组之间对作品进行互动评价<br>提出协作小组调控不到位及存在问题的解决策略 | 教师点评，调控引导 | 学生相互学习、相互评价、完善修改、共同进步 | 要求小组提交整体源文件及目标文件，并且要求小组内每一位学生提交自己所完成部分的源文件，以解决成员偷懒搭"顺风车"的现象 |
| 反馈小结 | 教师对每个小组提交的作品进行评分 | | 作品评分 | 利用Moodle成绩模块即时反馈，小结提升 |

## 四、初中信息技术课程协作学习的效果分析

本研究选择广州市陈嘉庚纪念中学初二年级的学生作为小组协作学习研究对象。笔者通过问卷调查、访谈等方法对学生的协作学习能力进行分析。

从表7-5-4可以知道学生在分组及组内交流方面都比较积极满意，但学生小组之间的交流和资源的共享就比较缺乏。在制作任务方面，很多小组都把握得不是太理想，特别是在作品的进度方面。因此，以后需要完善平台资源，调整评价的要求，使小组间的协作交流更充分，交流资源更丰富。

表7-5-4　初二年级1—6班学生进行的协作学习小组绩效调查

| 问题 | 回答选项 | | |
|---|---|---|---|
| 1.你对目前的分组情况的意见如何 | 满意 | 一般 | 不满意 |
| | 78% | 18% | 4% |
| 2.你对你小组的其他成员信任吗 | 非常信任 | 一般 | 不信任 |
| | 69% | 21% | 10% |
| 3.你认为你们小组的资料共享程度如何 | 高 | 一般 | 低 |
| | 82% | 16% | 2% |
| 4.你认为小组之间的资料共享程度如何 | 高 | 一般 | 低 |
| | 22% | 35% | 43% |
| 5.在小组制作作品中，你认为你们小组的目标任务清晰吗 | 非常清晰 | 清晰 | 不清晰 |
| | 56% | 36% | 8% |
| 6.你认为你们小组的分工合理吗 | 非常合理 | 合理 | 不合理 |
| | 45% | 34% | 21% |
| 7.你对你们小组的任务进度满意吗 | 非常满意 | 满意 | 不满意 |
| | 26% | 35% | 39% |
| 8.你们小组的成员能按时完成任务吗 | 按时完成 | 基本按时 | 不完成 |
| | 34% | 44% | 22% |
| 9.你们小组的作品能达到预期的目标吗 | 达到 | 基本达到 | 未能达到 |
| | 23% | 45% | 32% |

表7-5-5 初二年级1—6班学生进行的协作学习个人绩效调查

| 问题 | 回答选项 | | |
|------|------|------|------|
| 1.你认为小组协作制作作品的作用大吗 | 作用大 | 作用一般 | 没作用 |
| | 45% | 48% | 7% |
| 2.你在小组中的表现如何 | 积极 | 一般 | 不积极 |
| | 25% | 66% | 9% |
| 3.你认为你在小组中重要吗 | 重要 | 一般 | 不重要 |
| | 12% | 65% | 23% |
| 4.你对你小组的任务了解清楚吗 | 非常清楚 | 一般 | 不清楚 |
| | 45% | 46% | 9% |
| 5.你认为你所学到的Flash知识足够很好地完成作品任务吗 | 足够 | 不足够 | 非常欠缺 |
| | 13% | 60% | 27% |
| 6.你对你同组同学的情况了解吗 | 非常了解 | 一般 | 不了解 |
| | 79% | 18% | 3% |
| 7.在合作制作作品的过程中你对同组的同学信任吗 | 非常信任 | 一般 | 不信任 |
| | 88% | 10% | 2% |
| 8.在制作作品的过程中你能接受其他小组成员的意见吗 | 能 | 一般 | 不能 |
| | 43% | 51% | 6% |
| 9.你能在小组其他成员的意见中得到有用的帮助吗 | 能 | 一般 | 不能 |
| | 29% | 52% | 19% |
| 10.你对利用Moodle平台进行协作学习和交流效果的意见如何 | 满意 | 一般 | 不能 |
| | 58% | 38% | 4% |
| 11.你能够积极地给同组中的其他同学提供意见吗 | 能 | 一般 | 不能 |
| | 33% | 43% | 24% |
| 12.在本次小组协作学习中你能积极地跟小组内以及其他小组的同学进行交流吗 | 积极 | 一般 | 不积极 |
| | 32% | 57% | 11% |

| 问题 | 回答选项 | | |
|---|---|---|---|
| 13.你能认真积极地对其他小组的作品做出评价吗 | 认真积极 | 一般 | 没评价 |
| | 34% | 56% | 10% |
| 14.你在本次的小组协作学习过程中很好地完成了自己的任务、履行了自己的职责吗 | 很好完成 | 一般 | 没完成 |
| | 45% | 44% | 11% |
| 15.你愿意继续利用Moodle平台与组员进行合作吗 | 原意 | 一般 | 不愿意 |
| | 78% | 18% | 4% |

表7-5-5数据说明，大部分同学对协作学习，以及协作学习平台都是肯定的。在组内交流方面很多学生都表现很积极，对自己小组的成员都比较了解。但在小组之间的交流比较缺乏，同时任务的进度控制得不太理想，下一步将通过对协作任务设置、小组间竞争协作策略和评价进行调整优化，以加强小组之间的协作交流。大部分学生对组内成员的评价都是肯定的，而且希望有机会再合作的学生占了78%，说明Moodle平台的应用能有效促进学生组内交流协作。

从学生的访谈反馈来看，学生普遍认为，协作学习能够使同学之间相互启发、开阔思路，提高了制作作品的积极性与制作水平；Moodle协作学习平台的应用加强了同学之间的沟通。

## 五、结语

通过基于Moodle的初中信息技术课程协作学习研究，形成了网络环境下初中信息技术课电脑动画协作制作的教学资源。在初中信息技术电脑动画制作单元教学中运用该协作学习平台，很好地解决了小组作品协作制作过程难以及时监控反馈的问题。研究结果表明，学生创新精神、集体观念、人际交流的能力及学生的协作能力都得到了很大的提高。

本研究虽然取得了一定的效果，但研究结论的代表性不够充分，存在一定的局限性。在下一步的研究中，将继续完善初中信息技术课程的其他单元设计及应用，同时延长应用周期，在不同年级的不同班别进行应用研究，完善和深化研究。

**【参考文献】**

［1］何克抗.建构主义——革新传统教学的理论基础［J］.电化教育研究，1997（4）.

［2］赵建华，李克东.信息技术环境下基于协作学习的教学设计［J］.电化教育研究，2000（4）.

［3］赵建华，李克东.协作学习及其协作学习模式［J］.中国电化教育，2000（10）.

［4］柯清超，马秀芳.基于学习对象的专题学习资源设计［J］.中国电化教育，2004（8）.

［5］刘黄玲子，黄荣怀.协作学习评价方法［J］.现代教育技术，2002（1）.

# 第六节　基于多元反馈模式的高中英语写作教学应用研究

广州市第十三中学　李咏欣

## 一、背景

如今，大规模数据存储体系的迅猛发展，人类开始进入大数据时代。大数据可以追踪、剖析和投射师生在线活动的路径和轨迹。基于大数据，教师可以挖掘教学之间更深层的因果关系，实现精准教学。刘润清（2014）指出，大数据时代使学习者成了真正的中心，有了更大的自我发展空间。

作文批改与反馈是英语写作教学中的重要环节，它向写作者反馈系统修改的信息，如"逻辑出现谬误""内容不当""词汇、时态混用"等。其中既包含浅层的纠错性反馈，又包含深层的语篇层面（如组织结构和逻辑关系）的反馈。学生针对反馈信息进行修改，即为第二写作过程，能有效地提高学生的语言能力（何万贯，2007）。

大数据与教育、教学研究的紧密结合必然会带来高效率和高效益。北京词网科技有限公司开发的在线辅助写作系统句酷批改网（www.pigai.org，简称"批改网"）的出现，为笔者把在线辅助写作系统整合到高中写作教学并以多元反馈进行"促学评价"理论探讨提供了一个广袤的平台。基于云计算和大型英语语料库，批改网提供在线的英语作文自动批改服务，其原理通过对比学生作文和参照语料库之间的距离，并通过一定的计算法则将之投射成分数和生成详细的反馈报告。从高频词汇、学术词汇、词汇丰富度、从句总数等六个维度对学生作文实行全面智能的评价。它激发了学生开展第二写作过程的积极性。批改网附有查重雷达系统，提供重合率供教师参考。本文展开基于在线辅助写作系统的多元反馈模式进行"促学评价"的应用研究，通过多维度剖析多元反馈模式对高中英语写作的影响，为基于大数据时代的高中英语写作研究和测评提供一种新的反馈模式。

## 二、"促学评价"理论和多元反馈

"促学评价"是一个对话式的、人际交互的、以促进学习为目的的评价方式，该理论着重于教师基于评价反馈改善教学，然而，近期学术界聚焦师生合作完成评价，以提高学习效果。它既是教师利用评价反馈信息、调整教学、提高教学质量的测评环境，又给学生提供强化写作能力的途径，帮助其了解自己的学情，发挥主观能动性进行第二写作过程。

那么，反馈应该具备哪些条件才能有效促进学习呢？尼克尔和麦克法伦—迪克（Nicol & Macfarlane-Dick）在2004年提出有效反馈七原则：

（1）明确评价标准。

（2）培养自评、同伴互评能力。

（3）为学习者的学能情况提供精准、易懂的反馈信息。

（4）策动师生和生生交流。

（5）激发第二写作过程的积极性和增强自省意识。

（6）为缩短学习者"当下表现"和"期待表现"之间的差距提供平台。

（7）激励教师调整教学。

李（Lee）在2007年就写作课提出六点促学反馈原则：

（1）评价需可持续发展，学习者需明晰其开展第二写作过程的方向，如内容修正、结构重组、润饰语言等。

（2）将信息精准、明了地传达给学习者，明确评价标准，培养学习者教、学、评等环节中产生自省和修正的能力。

（3）学习者根据教师、同伴反馈自省，提高写作水平，缩短"当下表现"和"期待表现"间的差距。

（4）贯穿整个学习过程，学习者成为真正的学习中心。

（5）采取策略激趣，激发学习者的写作动力和增强信心。

（6）反馈是明镜，利用其反射的教学轨迹可以提高教学质量。

因此，高效的反馈不可能是单维度或直线性发展的，它是一个多维度的信息交互过程，并体现了师生合作关系，它强调了学习者的核心地位。在第二写作过程中，学习者需要针对自己的缺点，更具方向性地提高自己的学习效益，反馈推动了写作过程的可持续发展；反馈不仅要帮助学习者评估其学能表现，而且要为学习者铺设可持续发展的道路，提供具体的途径和方法。

卡莱斯特（Carlessetal）在2010年指出：可持续的反馈具有对话性质，伴有多维度的技术支撑；在教师和网络发布自上而下反馈的同时，学习者进行自内而外的自评，学习者之间兼有同伴互评；反馈并不是单向或者直线性发展的，而是过程化的，是一个多维度交互的发展过程。

## 三、基于在线辅助写作系统的多元反馈模式

笔者探索建构基于在线辅助写作系统的多元反馈模式（Online Integrated Feedback on English Writing）模型（见图7-6-1）。该模式涵盖了五次多元评价：

（1）学习者把初稿提交到批改网后，获得瞬时反馈。

（2）教师设置匿名或指定的同伴互评。

（3）基于在线辅助写作系统的反馈报告、同伴互评结果，教师对原文进行人工批改，给出综合评价。

（4）基于上述评价，学习者完成修改后提交定稿，再次获得批改网的瞬时反馈。

（5）学习者进行自我评价和撰写反思报告。

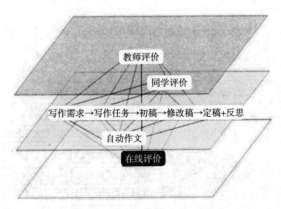

图7-6-1　基于在线辅助写作系统的多元反馈模式模型

## 四、研究方法与步骤

### 1. 研究问题

本研究借鉴采用历时课堂实际教学跟踪观察方式对基于在线辅助写作系统多元反馈模式下的英语写作进行应用研究，并根据高中学生的英语水平做了层次的调整。研究问题包括：

（1）基于在线辅助写作系统的多元反馈模式对写作成绩的提高是否有明显作用。

（2）基于在线辅助写作系统的多元反馈模式，作文修改的次数与写作成绩之间有何种关系。

（3）基于在线辅助写作系统的多元反馈模式对体现写作质量的重要维度是否具有明显作用。

### 2. 研究对象

本研究的对象为广州市省一级中学高二一个文科平衡班的学生43人，其中女生比例占全班总人数的58.14%，男生比例为41.86%。笔者是该班级的英语教师。

### 3. 研究方法与步骤

高中的英语写作课程以模块五、六每个单元的话题为写作主题，授课时间为20周，共10个写作任务。课程采取"单周写作，双周评议，其间实施多元反馈，阶段性反思自评"过程化施教方案，技术路线如图7-6-2所示。

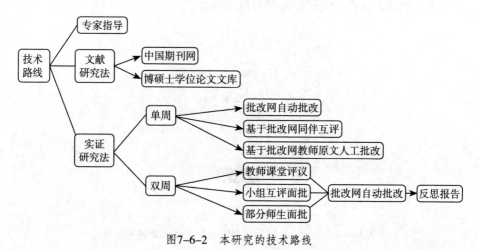

图7-6-2　本研究的技术路线

## 五、案例分析

本文以高中的英语写作课程模块五、六每个单元的话题为写作主题，授课时间为20周，共10个写作任务。课程采取"单周写作，双周评议，其间实施多元反馈，阶段性反思自评"过程化施教方案：

（1）课堂讲解（单周），教师明晰写作任务和评价标准，启发学生思考，通过范文提供相关话题的拓展词汇和高级句型，学生通过研读范文了解相关词汇和句型的用法，单周课后，学生完成初稿，根据自动批改的瞬时反馈可多次修改。

（2）完成自动批改程序后，教师基于批改网跑题检测和相似检测功能对跑题或疑似抄袭的学生作文发起重写任务。

（3）学生基于批改网进行匿名互评。

（4）教师基于批改网对写作进行综合评价。

（5）课堂评议（双周），教师在课堂上展开面对面小组互评或部分师生面批，进一步启发学生做出修改和反思。

（6）在双周课后，学生基于之前综合的评价，把作文最后酌情修改后定稿，提交到批改网，并完成自我反思报告。

为保持"评价标准"一致，同伴反馈参照教师根据课程任务"评价标准"设计的同学互评表进行，通过互评，学生进一步熟悉和实践"评价标准"反观自己的写作文本，并落实到写作自我修改。反思自评也围绕"评价标准"来完成，使学生有机会内化外部反馈，了解自己的水准及与其他同学的差距。

## 六、效果分析

通过使用批改网的系统功能，可以获得以下数据：每篇作文的提交次数、每次提交作文的字数、成绩，高频、次高频、低频词汇使用比例、平均词长、词汇丰富度、平均句长、从句总数、段落总数等信息。笔者收集了43名学生的10个写作任务的全过程数据进行分析。

### （一）基于在线辅助写作系统的多元反馈模式与写作成绩之间的关系

学生10个写作任务当中的写作任务1成绩与写作任务10成绩的配对样本$t$检验结果（见表7-6-1）显示，写作任务1平均最终成绩为72.56分，写作任务10

平均最终成绩为80.17分，均差7.61分。经过了20周历时课堂训练之后，学生的写作分数基于在线辅助写作系统的多元反馈模式下得到显著提高（$t$=-8.576，$p$=0.000）。

表7-6-1　写作1成绩与写作10成绩的配对样本$t$检验

| | | | | 成对差分 | | | | |
|---|---|---|---|---|---|---|---|---|
| 写作1 | 72.56 | | 差分的95%置信区间 | | | | | |
| 写作10 | 80.17 | | | | | | | |
| 写作1成绩-写作10成绩 | 均值 | 标准差 | 均值的标准误差 | 下限 | 上限 | $t$值 | df | Sig.（双侧） |
| | −7.607 | 5.748 | 0.887 | −9.40 | −5.82 | −8.576 | 41 | 0.000 |

**（二）基于在线辅助写作系统的多元反馈模式，作文修改次数与写作成绩的关系**

基于在线辅助写作系统的数据显示，10个写作任务当中学生最多修改了42次，最少修改了1次，平均修改12.09次。把每个写作任务作文的平均初始成绩和平均最终成绩转化为分数变化曲线，其轨迹的趋势大体近似，笔者随机抽取写作6基于在线辅助写作系统的多元反馈模式修改后平均成绩变化轨迹（见图7-6-3）用作分析的依据。

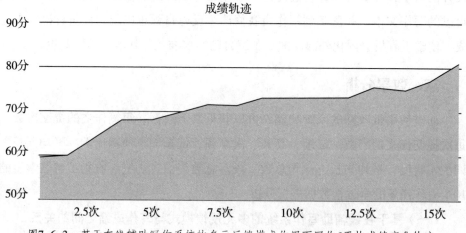

图7-6-3　基于在线辅助写作系统的多元反馈模式作用下写作6平均成绩变化轨迹

图7-6-3显示作文平均成绩的提高随着修改的次数得到稳定而平缓的提

升。随着修改次数的继续增加，写作成绩变化不大，已趋向达到学生英语写作水平的高值，进入作文修改成效的平原期。

作文修改的次数与写作成绩之间是否成正相关关系呢？表7-6-2的数据体现了写作6中43篇作文首次末次分差与修改次数相关系数及其显著性。

表7-6-2　写作6首次末次分差与修改次数的相关性

| 项目 | 首次末次成绩相关系数（$N=42$） |
|---|---|
| 相关系数$r$（$-1<r<+1$） | 0.672 |
| Sig双侧（Sig<0.05） | 0.380 |

数据表明，写作6中43个样本的首次末次分差与修改次数两个变量之间存在显著正相关。所以，写作成绩的提高与修改的次数存在正相关关系，与写作6平均成绩变化轨迹呈现的态势一致。

**（三）基于在线辅助写作系统的多元反馈模式对写作质量重要维度的作用**

**1. 写作质量表征维度**

笔者基于在线辅助写作系统的数据分析功能，从评判学生作文的192个测评维度中挑选出"类符形符比（词汇丰富度）""拼写正确率（非常规词汇）""平均词长""句长分布""从句总数"五个维度，另增加高频词汇、学术词汇两个维度分析学生作文在多元反馈模式下修改前和修改后的写作质量。以上数据都可以直接从批改网的诊断数据调取分析，把教师从纷繁复杂的统计学中解放出来。笔者选取写作10的相关数据进行统计分析（见表7-6-3）。

表7-6-3　写作10的写作质量重要维度数据统计

| 维度项目 | 高频词汇 | 学术词汇 | 非常规词汇（错词） | 平均词长 | 词汇丰富度 | 句长分布 | 从句总数 |
|---|---|---|---|---|---|---|---|
| 首次数据 $N=42$ | 70.74 | 4.35 | 4.21 | 3.90 | 4.47 | 19.84 | 15.37 |
| 末次数据 $N=42$ | 83.62 | 6.89 | 0.99 | 4.08 | 4.79 | 24.35 | 18.63 |
| $t$ | −2.849 | −3.236 | 3.602 | −2.032 | −3.722 | −3.943 | −3.492 |
| Sig.（双侧） | 0.007 | .002 | 0.001 | 0.049 | 0.001 | 0.001 | 0.001 |

在写作10中，基于在线辅助写作系统的多元反馈模式，从考量写作质量的一些重要维度如高频词汇、学术词汇、词汇丰富度、从句总数等数据来看，首次提交作文的数据与末次提交的数据都有显著的提高（$p<0.05$）。在非常规词汇（错词）的使用上，基本能把写作中的拼写错误全部纠正；把习惯使用的初中词汇换成高中词汇，增补词汇使句子的表达更完整和丰富，所以这两个指标在多次修改后得到显著提高。

**2. 写作质量内在维度**

批改网未能准确地评估体现作文的内在质量的维度，如文体修辞、句子、段落间的逻辑性和关联性、文体的流畅性等。这部分数据只能由笔者整理计算同伴互改和教师人工批改部分的数据，通过反馈吸收率来体现其效果。以写作10为例（见表7-6-4）。

表7-6-4　写作质量内在维度的反馈吸收率

| 项目维度 | 流畅性 | 句子逻辑关联 | 段落逻辑关联 | 篇章结构 |
|---|---|---|---|---|
| 吸收率（%） | 65.42 | 62.35 | 63.68 | 61.91 |

注：反馈吸收率＝末次正确修改的要点总数/首次需要修改的要点总数。

写作质量内在维度与学生的英语水平和写作水平、认知思维能力高度相关，并不会因教师、同伴短期的引导、帮助就能有显著的提升。

综上所述，基于在线辅助写作系统的多元反馈模式，学习者不断与不同评价主体互动，实现促学评价和过程化多稿写作，同时在过程和反思中内化了课程写作任务的评价标准，稳步有序地提升个人写作能力。

## 七、结论与启示

笔者通过应用研究和数据分析，可以得出以下结论：①基于在线辅助写作系统的多元反馈模式可以显著地提高学生写作分数；②基于在线辅助写作系统的多元反馈模式，写作平均成绩变化轨迹呈稳步上扬的趋势，写作成绩的提高与修改的次数存在显著的正相关关系；③基于在线辅助写作系统的多元反馈模式对写作质量表征维度如高频词汇、学术词汇、平均词长、词汇丰富度、句长分布、从句总数等数据来看，首次与末次提交的数据都有显著提高（$p<0.05$）。非常规词汇（错词）首次与末次提交的数据相比显著下降。体现

写作质量内在维度如流畅性、句子逻辑关联、段落逻辑关联、篇章结构的反馈吸收率稍稍高于60%，这几个维度体现的写作水平并未因教师、同伴短期的引导和帮助一蹴而就，得到显著的提升，它需要一个更漫长的积累过程。

本研究就终结性写作反馈方式的弊端，展开基于在线辅助写作系统的多元反馈模式进行"促学评价"的应用研究，通过多维度剖析多元反馈模式对高中英语写作的影响，为基于大数据时代的高中英语写作研究和测评提供了一种新的反馈模式，对外语教学特别是高中写作教学和评价，具有理论和实践指导意义。本研究迎合了数据时代的需求，把大数据和高中英语写作教学整合，基于在线辅助写作系统的多元反馈模式充分发挥了学生的主观能动性，探索了一种新时代的写作教学评价新模式。

## 【参考文献】

［1］刘润清.大数据时代的外语教育科研［J］.当代外语研究，2014（7）.

［2］Keh，C.L.*Feedback in the writing process*：*A model and methods for implementation*［J］.ELT Journal，1990（44）：294-304.

［3］郭翠红，秦晓晴.国外二语学习者作文书面反馈研究——研究的视角及对大学英语作文评改的启示［J］.解放军外国语学院学报，2006（5）.

［4］何万贯.第二写作过程研究［J］.现代外语，2007（4）.

［5］Eynon，R.*The rise of Big Data*：*What does it mean for education，technology and media research*［J］.Learning，Media and Technology，2013（3）.

［6］Hawe，E.，Dixon，H.&Watson，E.Oral *Feedback in the context of written language*［J］.Australian Journal of Language and Literacy，2008，31（1）：43-58.

［7］Black，P.&William，D.*Inside the Black Box*：*Raising standards through classroom assessment*［J］.Phi Delta Kappa，1998，80（02）：139-132.

［8］Nicol，D.J.&Macfarlane-Dick，D.*Formative assessment and self-regulated learning*：*A model and seven principles of good feedback practice*［J］.Studies in Higher Education，2006，31（02）：199-218.

［9］Lee，I.*Feedback in Hong Kong secondary writing classroom*；*Assessment of learning?*［J］.Assessing Writing，2007，12（03）：180-198.

［10］Jones，S.&Tanner，H.*Assessment：A Practical Guide for Secondary Teachers*（2^nd ed）［M］.London：Continuum，2006.

［11］Hattie，J.&Timperley，H.*The Power of feedback*［J］.Review of Educational Research，2007，77（01）：81–112.

［12］Carless，D.，Salter，D，Yang，M.&Lam，J.Developing sustainable *feedback practices*［J］.Studies in Higher Education，2010，30（5）：1–13.

［13］黄静，张文霞.多元反馈对大学生英语作文修改的影响研究［J］.中国外语，2014（1）.

［14］李克东，赵建华.混合学习的原理与应用模式［J］.电化教育研究，2004（7）.

［15］李克东，李颖.STEM教育跨学科学习活动5EX设计模型［J］.电化教育研究，2019（4）.